PSYCHOLOGIE
DE LA FAMILLE

PSYCHOLOGIE DE LA FAMILLE

Monique V.G.-Morval
Université de Montréal

1985
Les Presses de l'Université de Montréal
C.P. 6128, succ. « A », Montréal (Québec)
Canada   H3C 3J7

Le Fonds F.C.A.C. a accordé une aide financière pour la rédaction
de cet ouvrage, dans le cadre de sa politique visant la publication en
langue française de manuels et de traités à l'usage des étudiants de
niveau universitaire.

QUATRIÈME RÉIMPRESSION, 1994

ISBN 2-7606-0728-3
Dépôt légal, 4e trimestre 1985
Bibliothèque nationale du Québec

Introduction

Ce n'est que depuis une vingtaine d'années que les psychologues s'intéressent vraiment à la famille. Auparavant, il était surtout question du lien mère-enfant et des répercussions des relations infantiles vécues avec les parents sur le psychisme de l'individu. Depuis les années 50, les chercheurs et les praticiens (surtout psychiatres et travailleurs sociaux) s'efforcent de mieux comprendre la vie familiale, notamment dans le traitement de troubles graves tels que la schizophrénie.

Retraçant l'historique de la thérapie familiale, Stein (1969) note que, dès le début du siècle, différents spécialistes se sont penchés sur la famille: médecins, psychanalystes, anthropologues, sociologues, éducateurs, prêtres, économistes ... étudient la structure et les fonctions de la famille, ainsi que les processus dynamiques qui contribuent à sa santé ou à sa pathologie. Sullivan met l'accent sur les relations interpersonnelles. Le mouvement de guidance infantile montre qu'il est insuffisant de traiter l'enfant isolément. Les psychiatres se rendent compte qu'un malade considéré comme étant en rémission rechute souvent quand il réintègre le domicile familial.

C'est toutefois à l'anthropologue Kluckhohn et au psychanalyste Spiegel que l'on doit, en 1954, le premier essai véritable portant sur la famille en tant que système. Parallèlement, quelques psychiatres étudient les familles des schizophrènes. Lidz (1957) parle du schisme conjugal et

Jackson (1957) de l'homéostasie familiale. Wynne (1958) observe les alliances dans les sous-groupes familiaux et en arrive à la notion de pseudo-mutualité. Bowen (1960) élabore les concepts de divorce émotionnel et de moi groupal indifférencié. De leur côté, l'anthropologue Bateson et son équipe de Palo Alto (1956) se centrent sur la communication et plus particulièrement sur la double contrainte. Depuis lors, on assiste à un véritable foisonnement de la littérature sur la dynamique et sur les thérapies familiales. Le présent ouvrage tente de faire le point sur les principaux aspects de la question, considérant à la fois les apports européens et nord-américains.

Il n'est cependant pas facile de s'entendre sur une définition de la famille, même si chacun en a une notion intuitive. Pour Touzard (1966), il s'agit d'un "groupe social, ensemble restreint d'individus qui ont entre eux des relations psychologiques explicites et qui sont unis par un système d'interactions dynamiques. L'action de ces individus est orientée vers un but commun". Cette définition pourrait s'appliquer à tout groupe restreint ayant des interactions prolongées dirigées vers un but. Lidz (1970) insiste sur l'intimité des membres ainsi que sur l'intensité et la durée de leur interdépendance. Selon lui, le groupe familial est constitué de deux générations, dont chacune a des besoins, des prérogatives et des obligations différentes, et de représentants des deux sexes, dont les fonctions sont différentes mais complémentaires; les relations au sein du groupe sont renforcées par des liens érotiques et d'affection. La famille remplit quatre fonctions:

1° elle "nourrit" ses membres, aussi bien sur le plan physique que psychologique;

2° elle fournit un cadre à l'élaboration de la personnalité de l'enfant;

3° elle permet à ce dernier de s'initier aux rôles sociaux, aux institutions et aux moeurs de la société;

4° elle assure la transmission des instruments essentiels de la culture, dont la langue.

Garigue (1970) considère de son côté que toute définition de la famille devrait permettre de rendre compte à la fois de l'existence de groupes familiaux intégrés et des phases de désintégration du comportement familial. Pour cet auteur, la famille est donc avant tout un système interrelationnel, dont les éléments de base sont la relation conjugale, la relation parentale et la relation fraternelle. Ce système interrelationnel est universel, alors que les modes de comportement familial évoluent et parfois même disparaissent.

Les définitions dépendent en fait de la discipline concernée et du point de vue auquel on se place. Elles peuvent même paraître contradictoires et difficiles à concilier:

> C'est seulement dans les individus, et non dans le système interrelationnel et ses déterminismes, que l'intégration existe (...) Paradoxalement, c'est la qualité de sa personnalité qui permettra à chaque individu de résister aux contraintes des déterminismes, les intégrant dans un comportement familial structuré, ou encore le rendant incapable de réagir devant leurs influences sur sa vie. (Garigue, 1970, p. 19)

Dans ce volume, est considéré comme famille tout groupe composé de parent(s) - qu'ils soient unis formellement ou non - et d'enfant(s) - qu'ils soient biologiques ou adoptés -, vivant ensemble pendant une durée prolongée.

L'attention est portée à la famille nucléaire, cellule familiale de base dans les milieux industrialisés de la culture occidentale. La famille élargie (ascendants, descendants, collatéraux) est envisagée dans la mesure où elle exerce une action sur ce noyau de base. Les rapports entre la famille d'origine, où l'on a eu le statut d'enfant, et la famille de procréation, où l'on est soi-même parent, entrent également en ligne de compte.

Il s'agit avant tout d'un ouvrage de synthèse, essayant de faire le point sur différents aspects reliés à la famille. Il n'y est néanmoins pas question de pathologie familiale, même si certains points abordés permettent des inférences à ce sujet. Ce qui constitue le centre d'intérêt, ce sont les phénomènes que l'on peut retrouver dans toute famille, phénomènes qui, poussés à l'extrême, peuvent être sources de pathologie. C'est ainsi que, dans une première partie portant sur la famille en tant que système, sont abordées les notions de système et d'homéostasie, de sous-systèmes (frontières, couple, fratrie, alliances et coalitions), de communication (théorie, double-contrainte, caractéristiques), de règles avec comme corollaires les secrets et les mythes, de rôles sociaux et idiosyncratiques. La deuxième partie traite du cycle de vie familiale en cinq phases (de l'union à la vieillesse) ainsi que des rites (de maintien et de passage) qui en rythment la progression et la croissance. Près de 200 références permettront au lecteur d'approfondir l'un ou l'autre point s'il le désire.

Deux perspectives théoriques servent de lignes directrices à l'ouvrage. La théorie systémique d'une part, au sens large du terme, permet de considérer la famille comme un ensemble d'individus dont les interactions ont des répercussions les uns sur les autres et sur le groupe lui-même; elle s'attache surtout à la description des phénomènes. La perspective psychodynamique d'autre part tient compte de l'histoire familiale et des influences intergénérationnelles qui l'ont façonnée; elle étudie les processus conscients et inconscients à l'oeuvre à l'intérieur de la famille. Loin d'être opposés, ces deux éclairages se complètent mutuellement et enrichissent la compréhension de la psychologie familiale.

PREMIÈRE PARTIE
LA FAMILLE EN TANT QUE SYSTÈME

Chapitre I
Le système familial

Depuis le début du siècle, le champ de l'analyse psychologique s'est progressivement élargi, passant de l'individu à la dyade puis à la famille; la tendance actuelle est d'étendre encore l'objet d'investigation pour englober la communauté et la société dans son ensemble. C'est ainsi qu'à sa naissance la psychanalyse s'est centrée sur l'explication intrapsychique du comportement; théoriciens, praticiens et chercheurs ont peu à peu insisté sur l'importance des relations mère-enfant; puis les problèmes de l'enfant ont été considérés comme pouvant résulter d'une mésentente conjugale; parallèlement, la dynamique de groupe a mis l'accent sur les mécanismes collectifs pour expliquer le comportement de l'individu. L'apparition d'une nouvelle unité d'analyse n'a toutefois pas relégué au second plan les précédentes, mais leur a donné un éclairage nouveau. Actuellement d'ailleurs les diverses positions coexistent et reconnaissent leur complémentarité.

Ce changement dans l'unité d'analyse n'est cependant pas sans incidences sur la compréhension théorique du phénomène étudié et sur l'approche thérapeutique choisie, ainsi que le montre Scheflen (1978) en analysant le sourire énigmatique d'une jeune fille lors d'une session de thérapie familiale. L'auteur rapporte la discussion de groupe qui a résulté de l'enregistrement de cette session sur vidéo. Dans un premier temps, le sourire de Suzanne est interprété comme révélateur d'un trait de personnalité de la jeune fille, voire même d'un symptôme de sa "maladie"; il est donc attribué à quelque chose d'intérieur à la personne. Mais ce sourire a suivi une intervention du père qui, se tournant vers sa fille, a déclaré: "Je pense bien que Suzanne nous aime. Il est certain que nous l'aimons." La jeune fille a donc souri en réponse au père, ce qui donne une indication sur la relation père-fille: il s'agit peut-être d'un comportement défensif de la part de cette dernière. Après ce sourire, la mère s'est tournée vers elle à son tour en disant: "Suzanne, tu n'apprécies jamais ce que nous essayons de faire pour toi." Le sourire est donc devenu un stimulus, destiné éventuellement à ennuyer ou même à provoquer la mère. Inversement, il était peut-être dû à l'attente d'une réprimande de la part de celle-ci. De linéaire qu'elle était auparavant, la causalité est devenue à ce moment circulaire.

Ces trois types d'explication ont en commun de centrer l'attention sur la personne de Suzanne. Mais des comportements non verbaux ont eu lieu également pendant cette séquence: au sourire de sa fille, le père s'est retiré et a gardé le silence; lors de la réprimande de la mère, Suzanne a eu exactement le même comportement de retrait. Chaque protagoniste influence dont le cours des événements, dans une perspective interactive. Un observateur fait alors remarquer que la même séquence s'est déjà produite plus tôt dans la session: il est même possible d'en relever trois. Cette interaction semble donc être un mode habituel de relation dans la famille: rire ou sourire à toute tentative de rapprochement, se retirer et réprimander. Il s'agit presque d'un scénario programmé à l'avance, où chacun joue son rôle au moment voulu et dans le sens attendu par les autres: "Chaque comportement est donc à la fois l'expression d'un rôle et d'un apprentissage cognitif autant qu'une réponse et qu'une indication" (p. 64). Nous sommes en fait en présente d'un système, représenté schématiquement comme suit:

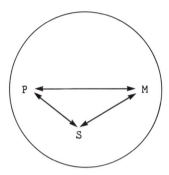

Fig. 1: Schéma d'un système familial

1 - La famille en tant que système

1.1 Définitions

La théorie générale des systèmes[1] a été énoncée par von Bertalanffy dans les années 50 et appliquée ensuite à l'ensemble des sciences. Il existe en effet des systèmes en astronomie (le système solaire...), en biologie (le système respiratoire...), en économie (le système monétaire

---

1. Il existe toute une polémique autour de la traduction de l'expression "general system theory": théorie générale du (des) système(s) ou théorie du système général? (voir Le Moigne, 1977). Il semble cependant évident que, pour von Bertalanffy, il s'agisse de la théorie générale des systèmes: "Un des grands aspects de l'évolution moderne de la pensée scientifique est qu'il n'existe aucun système universel unique et couvrant tout", écrit-il en effet (1968, p. 98).

international ...), en sciences humaines ou sociales (le système social...), etc. Un système peut être défini comme un ensemble d'objets en relation les uns avec les autres. Selon Walliser (1977), ce concept a été forgé autour de trois idées essentielles:

.celle d'un ensemble en rapport réciproque avec un environnement, ces échanges lui assurant une certaine autonomie;
.celle d'un ensemble formé de sous-systèmes en interaction, cette interdépendance lui assurant une certaine cohérence;
.celle d'un ensemble subissant des modifications plus ou moins profondes dans le temps, tout en conservant une certaine permanence. (p. 10)

Une famille peut donc être considérée comme un système en interaction: les objets en sont les membres en interdépendance avec d'autres membres, ce qui lui assure une certaine cohérence. Comme ces relations sont durables et importantes pour chacun, la famille constitue un système stable, en interaction continue, ce qui lui permet de conserver une certaine permanence. Enfin, elle échange matière, énergie et information avec son milieu, tout en gardant une certaine autonomie, ce qui en fait un système ouvert, par opposition à un système clos qui ne reçoit ni n'envoie d'énergie sous aucune forme.

La famille, système ouvert en interaction, en possède également les caractéristiques:

1) Totalité: un système constitue plus que la somme de ses éléments; une modification de l'un d'eux entraîne en effet une modification de tous les autres et du système dans son ensemble. Il n'y a pas de relations unilatérales entre les composantes. Il est bien évident qu'une famille constitue plus que la somme de ses

membres et que tout ce qui arrive à l'un a des répercussions sur les autres et sur le groupe en tant que
tel: chômage du père, maladie d'un enfant, arrivée
d'un nouveau membre... L'inverse est vrai également:
tout ce qui arrive à la famille rejaillit sur chacun de
ses membres (déménagement, divorce...).

2) Rétroaction: le système ne fonctionne pas selon un modèle de causalité linéaire, où il est possible de dis-
tinguer la cause et l'effet. Ce qui en caractérise le
fonctionnement est le mécanisme de rétroaction (ou
feedback), déterminant la nature et le degré de modification jugée acceptable de façon à maintenir un certain
équilibre: une rétroaction positive accepte le changement proposé, une rétroaction négative le rejette. Le
système fonctionne donc selon un modèle de causalité
circulaire. C'est ce qu'illustre le sourire de Suzanne
dans l'exemple donné précédemment.

3) Équifinalité: qu'elles qu'en soient les conditions
initiales, le système tend vers le même état final stable, en dépit des fluctuations qui apparaissent au
cours du processus. C'est la structure de l'interaction qui importe plus que sa finalité, puisque celle-ci
demeure identique: "Si un état stable peut être atteint dans un système ouvert, il ne dépend pas des conditions initiales et n'est déterminé que par les paramètres du système" (von Bertalanffy, 1968, p. 146).
Cette notion peut paraître plus difficile à appliquer
à la famille. Le schème d'interaction illustré dans
l'exemple précité en donne cependant un exemple: quel
que soit le stimulus de départ, tout se déroule comme
si les membres répétaient un scénario bien connu abou-
tissant au même état final.

1.2 Discussion

La notion de système est une notion très ancienne. Aristote déjà concevait les êtres vivants et les sociétés comme des systèmes. Ce qui en caractérise le développement récent, c'est que cette notion a pris une valeur opératoire et scientifique (Bastide). Walliser (1977) note que:

> ...l'approche systémique apparaît essentiellement comme une amorce de rapprochement des langages et des méthodologies des sciences physiques et des sciences humaines, en passant par les sciences biologiques et technologiques (p. 220)

Projet ambitieux, qui n'est pas sans poser des problèmes d'ordre épistémologique. Il est toujours hasardeux en effet d'essayer d'expliquer des comportements humains, individuels ou collectifs, en se référant à une théorie rendant compte de phénomènes physiques. Peut-on vraiment assimiler l'un à l'autre et simplifier la complexité humaine au point de ne plus voir l'élan vital qui la sous-tend? Ne risque-t-on pas ainsi de s'enfermer dans un cadre rigide soumis à la toute puissance de règles scientifiques (Prigogine et al., 1982)? Allman (1982) dénonce d'ailleurs la tendance des cliniciens à parler des systèmes familiaux comme s'ils pouvaient être fixés et mis en place par une manipulation active.

Von Bertalanffy (1968) est bien conscient du problème: pour lui, il s'agit plus d'une isomorphie que d'une correspondance parfaite, car ce n'est que pour certains aspects que les lois des systèmes peuvent s'appliquer. Décrire la famille en tant que système ne signifie donc pas qu'elle "est" un système, mais bien qu'elle peut être "comparée" à un système. Parler du système familial constitue en effet une vue de l'esprit, une notion abstraite, qui permet certes d'en objectiver certains éléments et relations en vue de mieux les étudier, mais qui en laisse d'autres dans l'ombre. Sont également ignorées les significations que leur accordent les divers membres. Considérer une famille comme un système, c'est l'aborder de l'extérieur et perdre de vue l'esthétique intérieure caractérisant son idiosyncrasie et sa spontanéité (Allman, 1982). On ne peut donc parler de système familial que par analogie. Il en va de même d'ailleurs pour toutes les notions qui y sont rattachées.

En ce qui concerne par exemple la notion d'interaction, Prigogine (1982) note qu'il existe au départ plusieurs sortes d'interactions possibles, qui finissent par se stabiliser en institutions. Sigal (1971) de son côté souligne l'importance des dynamiques individuelles dans la compréhension du fonctionnement familial. Si l'on considère en plus que les individus évoluent avec le temps, il est évident qu'il ne s'agit pas d'un système fixé immuablement, mais bien d'une structure en constante évolution où les unités sont en relation dialectique les unes avec les autres, à travers leurs interactions. Il devient dès lors impossible de déterminer ce qui est premier, l'individu ou l'interaction.

De la même manière, la notion d'équifinalité rend compte de l'équilibre du système, mais laisse peu de place à la créativité, car elle mène à prévoir l'évolution vers un état insensible aux fluctuations (Prigogine et al., 1982). Monière (1976) fait remarquer que, dans cette conception, ce sont les conditions de survie du système qui importent plus que les besoins des individus qui le constituent ou le projet qu'ils ont en commun. La notion de loi y est fortement opposée à celle de hasard, ce qui correspond peu en définitive à la réalité expérimentée par chacun d'entre nous.

Le type de causalité peut également être mis en question. Dell (1982) établit une distinction entre causalité et complémentarité: certains comportements au sein d'une famille se raccordent les uns aux autres sans qu'il y ait pour autant de lien causal entre eux, ce qui est pourtant souvent pris pour de la causalité circulaire. En fait, la distinction ne devrait pas porter sur deux types de causalité, linéaire ou circulaire, mais bien sur causalité et structure: certains comportements sont en effet déterminés par la structure même du système. Monière (1976) fait de plus remarquer que, dans le modèle systémique, toutes les variables ont le même poids, il n'y a pas de hiérarchisation: "Les phénomènes sont déterminés par une logique circulaire où il n'y a ni point de départ ni point d'arrivée, ce qui revient à nier toute dimension historique aux phénomènes en cause. Le devenir ne peut être que la reproduction de ce qui existe déjà." (p. 235)

La notion d'ouverture vient quelque peu relativiser cette affirmation, en insistant sur l'importance des échanges avec l'environnement. Ceux-ci peuvent bien sûr être plus ou moins denses, mais cette ouverture est souvent la condition de la viabilité du système (Prigogine et Stengers, 1979). Stengers (in Prigogine et al., 1982) fait toutefois remarquer que le terme "ouverture" peut avoir trois sens:

1) le système est ouvert car il y a constant renouvellement, mais l'état final évolue peu et le système reste relativement stable;

2) le système vit de son ouverture et n'existe qu'à cause
    des flux qui le traversent, amenant une gamme de possi-
    bles s'écartant de l'équilibre;

3) à l'intérieur du système lui-même, un choix s'effectue
    entre la multiplicité des interactions possibles, et
    donc entre la multiplicité des systèmes possibles que
    construisent ces interactions:

> Le choix de faire telle ou telle modélisation de-
> vient décisif; on prend la responsabilité soit de
> confirmer l'importance d'un certain nombre d'in-
> teractions telles qu'elles se donnent, soit d'ou-
> vrir de nouvelles possibilités, et donc soit de
> confirmer les pressions de toutes sortes qui ont
> stabilisé la dominance de ces interactions-là,
> soit d'aider à créer des degrés de liberté sup-
> plémentaires. (p. 17)

Stengers pointe ainsi du doigt l'erreur réductionniste
dénoncée par Allman (1982), qui consisterait à fixer une
fois pour toutes le système familial en évitant la part de
hasard et de spontanéité qui lui est inhérente. Une telle
conception plaide pour le statu quo, en accentuant les mécanismes de fonctionnement qui permettent au système de
survivre dans le temps (Monière, 1976). Elle ramène l'individu à n'être qu'un pion sur l'échiquier, un "système intermédiaire entre les microsystèmes qui le constituent et
les macrosystèmes qui l'enserrent". (Walliser, 1977, p.
234)

De plus, elle ne tient pas compte de l'aspect historique des processus. Non seulement chaque membre de la famille a-t-il une histoire individuelle, mais les interactions elles-mêmes évoluent avec le temps (Sigal, 1971). Il
convient donc de tenir compte de la signification qu'elles
revêtent pour chacun, de leur aspect sémiotique. Les interactions peuvent en effet renforcer le système ou au

24

contraire en bouleverser l'équilibre en engendrant de nouvelles réalités, de nouveaux affects, comme le souligne
Guattari (Prigogine et al., 1982).

1.3 Conceptions actuelles

Il n'en demeure pas moins que l'analyse systémique
peut être féconde, car elle met l'accent d'une part sur les
interactions et d'autre part sur l'environnement: "Le système est un produit artificiel de l'esprit des hommes. Ce
qui ne l'empêche nullement d'être un objet particulièrement
utile et commode, non pas pour expliquer mais pour représenter les objets que l'homme veut connaître" (Le Moigne,
1977, p. 47). Il est d'ailleurs possible d'aborder le système selon différents points de vue, dont aucun n'en épuise
la réalité: on ne peut que choisir une certaine ponctuation et en assumer les conséquences (Dell, 1982).

von Bertalanffy (1968) lui-même distingue deux types
de description du système:

1) La description interne

Elle définit le système par un ensemble de variables
d'état et leur interdépendance: c'est l'objet de l'analyse
structurale. Il est possible d'y tenir compte aussi bien
des interactions que des dynamiques individuelles qui les
sous-tendent. Sigal (1971) donne l'exemple d'une mère qui
ne pouvait supporter de voir son mari contrôler le comportement hyperactif de son enfant en le maintenant solidement
dans ses bras, car cela lui rappelait la façon dont les
nazis maintenaient son père au camp de concentration. Chacun aborde donc l'interaction avec ses propres souvenirs,
affects, phantasmes, pulsions, etc., qui déterminent son

caractère voire même ses symptômes. On peut voir à la figure 2 comment s'est transformé le schéma familial de Suzanne.

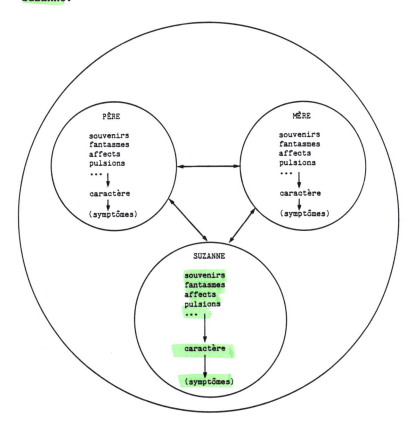

Fig. 2: Schéma familial d'après Sigal

Brodeur (1982) effectue une analyse structurale du discours familial, à partir des produits de la pulsion ou du désir, et en arrive à une typologie correspondant aux stades du développement psychosexuel de l'individu:

- les familles matriarcales sont regroupées autour du personnage central de la "mère", tour à tour "bonne" ou "mauvaise";

- les familles patriarcales sont caractérisées par un père qui joue authentiquement un rôle transmis par la tradition;

- les familles fraternelles maintiennent leur unité en acceptant une grande liberté individuelle des membres;

- les familles homosexuelles ont un sentiment d'appartenance au groupe et se conforment à certaines règles de vie;

- les familles hétérosexuelles acceptent la différence des sexes et les conflits qui en découlent.

De son côté, Ruffiot (1981) fait l'hypothèse d'un appareil psychique familial, espace intermédiaire entre la réalité psychique interne des individus et la réalité sociale externe. Selon cette hypothèse, la famille est composée de membres qui ont en groupe des modalités de fonctionnement psychique inconscient différentes de leur fonctionnement individuel. Eiguer (1983) définit trois organisateurs de la vie inconsciente familiale: le choix d'objet, au moment de l'installation de la relation amoureuse du couple; le Soi familial, comprenant l'habitat intérieur, le sentiment d'appartenance et l'idéal du moi familial; et l'interfantasmatisation, lieu de rencontre des fantasmes individuels permettant la création d'un espace transitionnel d'échange, d'humour, de créativité, une mythologie familiale.

2) La description externe

Le système est considéré comme une "boîte noire" où les variables sont étudiées à l'entrée et à la sortie, c'est-à-dire les rapports avec l'environnement: c'est l'objet de l'analyse fonctionnelle. Même s'il est difficile d'établir une coupure nette entre le système et son environnement, il est évident qu'ils sont en relation dialectique l'un avec l'autre, la relation pouvant être parfois dominante dans un certain sens (Walliser, 1977).

Bronfenbrenner (1979) considère quatre systèmes qui
s'emboîtent l'un dans l'autre: le microsystème, constitué
par la famille et son environnement immédiat; le mésosystème, qui comprend tous les lieux où la famille s'implique
de façon active (quartier, réseaux sociaux...); l'exosystème, dont les activités touchent et modifient la qualité
des relations familiales, même si toute la famille n'y participe pas activement (école, travail...); et le macrosystème, ensemble des croyances, valeurs et idéologies qui déterminent le comportement. Chacun de ces systèmes constitue autant d'éclairages différents sur la famille, ce qui
finit par en rendre l'étude fort complexe! Dans la pratique, il est plus simple de concentrer son attention sur un
aspect particulier, suivant les besoins de la situation,
tout en restant conscient du poids des autres facteurs
(figure 3).

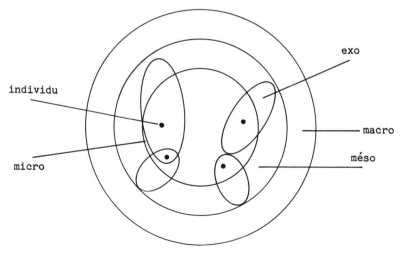

Fig. 3: Analyse systémique selon Bronfenbrenner

Ackerman (1966) décrit la famille comme un sac poreux, qui permet un échange sélectif entre ses membres et le monde extérieur. Des pressions internes et externes s'exercent sur elle, qui peuvent la menacer ou favoriser son épanouissement; inversement, la famille échange biens et services avec son milieu et contribue ainsi à le modifier. Bell et Vogel (1960) proposent une théorie fonctionnelle de la famille, basée sur ces échanges réciproques:

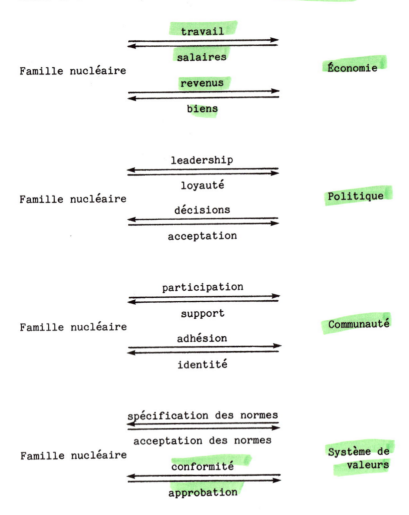

Famille nucléaire — travail / salaires / revenus / biens — Économie

Famille nucléaire — leadership / loyauté / décisions / acceptation — Politique

Famille nucléaire — participation / support / adhésion / identité — Communauté

Famille nucléaire — spécification des normes / acceptation des normes / conformité / approbation — Système de valeurs

Conclusion

Les discussions les plus récentes mettent l'accent sur l'entropie du système (ou degré de désordre), qui traduit à la fois une certaine complexité et une certaine indétermination du système (Walliser, 1977). Il peut y avoir en effet création de nouvelles structures à partir du hasard, ce que Zeleny (1980) appelle "l'autopoiesis" (autocréation). Ces "structures dissipatives" (Prigogine, 1976) résultent d'une amplification aléatoire d'une des fluctuations dont tout système est le siège et aboutissent à un nouvel état. Elles forment de la sorte un pont entre la fonction et la structure:

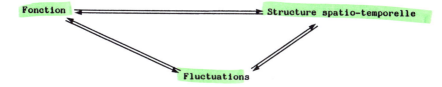

Fig. 4:   Schéma de Prigogine

Ce phénomène est associé à l'ordre par fluctuations, dont il sera question dans la section suivante.

30

2 - Homéostasie

2.1 Définition

Confrontée à la nécessité de changer, la famille peut opposer toutes sortes de résistances, soit en déclarant la chose impossible soit en contrant les efforts en ce sens. Par ce processus de rétroaction négative, elle tend à maintenir un état d'équilibre, afin de protéger son intégrité et d'éviter la mise en évidence de conflits latents: ce mécanisme a pour nom homéostasie.

Ce terme a d'abord été employé en biologie par Claude Bernard pour désigner la constance relative de l'environnement interne, maintenue par un jeu de forces dynamiques. Jackson (1957) l'applique au fonctionnement familial, dans l'optique de la théorie de la communication. Il dépeint l'interaction comme un système clos d'information, où les variations de l'output (ou comportement) reçoivent un feedback destiné à corriger la réponse du système, dans le but de maintenir le statu quo. Lorsque l'information est jugée menaçante, la rétroaction sera négative, prescrivant et limitant le comportement dans un grand nombre de domaines, organisant l'interaction en un système raisonnablement stable. Il y aura alors des pressions pour un retour à l'état antérieur d'équilibre.

C'est ce qui arrive par exemple lorsque la famille ne peut accepter l'accession à l'autonomie d'un adolescent et exige de lui la même soumission qu'auparavant ou menace de le rejeter s'il ne se conforme pas. Il est courant, en thérapie d'enfants, de voir les parents saper le travail du thérapeute à partir du moment où l'enfant change, ce qui nécessiterait une modification d'attitude de leur part.

C'est ainsi qu'une mère envoyait son fils chez le psychia-
tre en lui déclarant: "Tu dois aller voir ton fou aujour-
d'hui"! C'est d'ailleurs pour cette raison que la plupart
des thérapeutes d'enfants estiment essentiel de suivre également la mère, voire les deux parents, lorsqu'ils s'occupent d'un enfant. Il n'est pas rare non plus de voir un
frère ou une soeur développer des symptômes quant l'enfant
soigné commence à progresser. Dans d'autres cas, c'est le
conflit conjugal qui éclate au grand jour, l'entente des
parents reposant sur leur commune préoccupation de l'enfant-problème. Les cas de "folie à deux" sont connus depuis le siècle dernier; la pièce d'Edward Albee "Qui a peur
de Virginia Woolf?" en donne d'ailleurs une magnifique il-
lustration.

2.2 Discussion

rôle

Le symptôme joue dès lors un rôle protecteur de l'é-
quilibre familial: dans ce sens, le concept d'homéostasie
rend bien compte du fonctionnement pathologique d'une famille, dans la mesure où il implique le maintien à tout
prix d'un état d'équilibre antérieurement satisfaisant pour
le système. Il convient par contre beaucoup moins dans le
cas de familles orientées vers la croissance et la créativité. von Bertalanffy (1968) lui-même reconnaît que le
schéma homéostatique ne s'applique pas:

> 1) aux ajustements dynamiques qui se placent dans
> un organisme fonctionnant comme un tout; 2) aux
> activités spontanées; 3) aux processus qui n'ont
> pas pour but de réduire les tensions, mais de les
> accroître, 4) enfin aux processus de croissance,
> de développement, de création, etc. (p. 215)

Monière (1976) fait remarquer que l'analyse systémique
cherche à cerner les mécanismes d'adaptation nécessaires à

la survie du système: dans cette optique, changement ne peut signifier qu'adaptation. Watzlawick et ses collaborateurs (1967) soulignent l'ambiguïté du terme, suivant que l'on considère l'homéostasie comme moyen ou comme fin. Ils suggèrent plutôt de parler de la constance ou de la stabilité du système. Speer (1970) préfère le terme de viabilité et Buckley (1967) propose le concept de morphogenèse, qui rend mieux compte de l'évolution adaptative des êtres vivants. En fait, tout comme le "système", l'"homéostasie" est un concept, une manière de parler du fonctionnement du système, et non une réalité en soi. C'est pourquoi Dell (1982) considère qu'il vaut mieux parler de cohérence, caractérisant l'interdépendance fonctionnelle des diverses composantes du système.

2.3 Conceptions actuelles

L'équilibre est un état rare et précaire dans la nature. Dans la mesure où un certain désordre constitue la condition du changement, la tendance actuelle va plutôt dans le sens de considérer l'entropie[2] du système et les structures dissipatives qui en découlent, dans la ligne de Prigogine et Stengers (1979):

> La dissipation d'énergie et de matière - généralement associée aux idées de perte de rendement et d'évolution vers le désordre - devient, loin de l'équilibre, source d'ordre; la dissipation est à l'origine de ce qu'on peut bien appeler de nouveaux états de matière. (p. 156)

Un excès de structuration mène peu à peu le système à sa perte, même s'il a besoin d'une certaine structure pour

---

2. L'entropie d'un système caractérise son degré de désordre.

vivre. D'un autre côté, un système est identifiable dans la mesure où il existe une certaine permanence de ses caractéristiques, en dépit des modifications de l'environnement externe ou interne (Walliser, 1977). En fait, il existe deux tendances dans tout système; l'une cherche à maintenir la stabilité, par un processus de rétroaction négative, qui met l'accent sur l'ordre, la régularité, la structure (négentropie): c'est le phénomène de morphostase; l'autre pousse vers le changement, en permettant la variété et la déviance, par un processus de rétroaction positive qui amplifie cette déviation: c'est le phénomène de morphogenèse, par lequel le système change sa structure de base. Pour la famille, c'est notamment ce qui se produit en cas de divorce et de remariage: une fluctuation (le désaccord entre les conjoints) devient tellement importante qu'elle amène une modification de la structure et un nouvel état d'équilibre. Prigogine et Stengers (1979) appellent ce processus l'ordre par fluctuation:

> Pas plus qu'il n'admet l'opposition entre hasard et nécessité, le concept d'ordre par fluctuation ne suppose la distinction entre fonctionnel et dysfonctionnel; ce qui est à un moment donné déviation insignifiante par rapport à un comportement normal peut, dans d'autres circonstances, être source de crise et de renouvellement (...) Les processus irréversibles jouent un rôle constructif; les processus de la nature complexe et active, notre propre vie, ne sont possibles que parce qu'ils sont maintenus loin de l'équilibre par les flux incessants qui les nourrissent. (pp. 190 et 195)

Maintien et changement peuvent coexister ou se succéder dans le temps, suivant l'état du système à un moment donné de son histoire. Ausloos (1980b) parle en ce sens d'équilibration homéostatique, qui résulterait de la tension antagoniste entre ces deux tendances fondamentales.

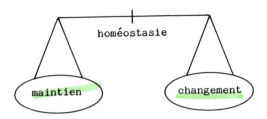

Fig. 5: Équilibration homéostatique selon Ausloos

Ausloos décrit quatre types de familles selon le niveau homéostatique qu'elles utilisent au moment considéré:

- les familles flexibles ou fluctuantes (familles fonctionnelles): elles fluctuent autour du point d'équilibre en fonction des besoins du moment; le système se caractérise par son ouverture vers l'extérieur, tout en gardant une cohérence interne; ces familles tiennent compte des rétroactions positives et négatives, dans le but d'amplifier ou de réduire la déviation constatée, d'après le but recherché; il y règne donc créativité et souplesse.

- les familles rigides ou convergentes: elles acceptent peu le changement, par le nombre de rétroactions négatives qu'elles envoient face aux déviations; le système se ferme progressivement et finit par aboutir à la stagnation; ce type de familles peut produire un membre psychotique.

- les familles éclatées ou divergentes: les tendances au changement y sont fortes et les déviations amplifiées à un point tel qu'elles aboutissent à la désorganisation; les frontières avec l'extérieur sont pratiquement inexistantes, de sorte que les informations qui en proviennent sèment la confusion; il n'y a aucune stabilité interne: ces familles produisent souvent des délinquants.

    - les familles chaotiques ou alternatives: elles os-
cillent entre les deux types précédents; leur fonctionnement est tantôt rigide jusqu'à l'immobilisme tantôt diver-
gent jusqu'à la déstructuration, ce qui ne permet aucune
adaptation fonctionnelle et créatrice.

Conclusion

    Il s'agit donc, assez paradoxalement, d'assurer la
continuité dans le changement. Plutôt que d'un mouvement
circulaire visant à refermer le cercle, il serait possible
d'envisager un mouvement en spirale, avec alternance de
phases d'équilibre et de déséquilibre. L'homéostasie de-
viendrait alors une recherche d'équilibre optimal à un moment donné, face aux changements inévitables de la vie,
équilibre sans cesse remis en question et par le fait même
obligeant la famille à progresser:

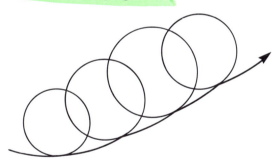

Fig. 6: Schéma homéostatique en spirale

Chapitre II
Sous-systèmes

Tout comme le système familial s'intègre dans des ensembles plus vastes, il se différencie et s'acquitte de ses fonctions au moyen de sous-systèmes, selon les générations, le sexe, les intérêts, les fonctions ou les rôles. Chaque individu appartient à divers sous-systèmes où il a différents degrés de pouvoir et où il a acquis certaines compétences spécifiques (Minuchin, 1974). Après avoir abordé la question des frontières, nous parlerons des sous-systèmes les plus souvent décrits: le couple, la fratrie, les alliances et coalitions.

1 - Frontières

Pour déterminer qui fait partie du sous-système et comment y participer, des règles sont définies qui en délimitent les frontières:

> Chaque sous-système a des fonctions spécifiques et adresse des demandes particulières à ses membres. La fonction des frontières est donc de protéger l'autonomie et la différenciation du sous-système. Pour qu'il y ait un bon fonctionnement familial, les frontières des sous-systèmes doivent être claires, mais permettre des contacts entre les membres et l'extérieur. (Minuchin, 1974, p. 69)

Minuchin propose d'échelonner toutes les familles sur un continuum allant des frontières hyperrigides aux frontières diffuses:

```
FRONTIÈRES   hyperrigides   /     claires    /   diffuses
             _____   ---------------   ...........
FAMILLES     désengagées    fonctionnelles   enchevêtrées
```

Le manque de différenciation du système familial enchevêtré[1] décourage l'exploration autonome et la prise en charge des problèmes. Ce type de familles répond à la moindre variation avec une vitesse et une intensité excessives. Baker (1976) en décrit les caractéristiques de la façon suivante:

1° Un haut degré de résonnance et une absence d'interactions dyadiques, avec comme conséquence la confusion des problèmes et l'implication des enfants dans les tensions entre les parents;

2° des déclarations de proximité, des conflits conjugaux non résolus et une forte résistance au changement;

3° une absence de frontières intergénérationnelle claires et de progressive autonomie des enfants avec l'âge. Les frontières entre sous-systèmes sont facilement transgressées et la différenciation des individus est pauvre: chacun est perdu dans le système.

---

1. Minuchin (1974) emploie le terme d'enmeshment pour décrire un tel système. Ce terme, difficile à traduire, suggère l'image d'une chevelure folle, aux mèches tellement emmêlées qu'il est pratiquement impossible de les démêler, du moins sans douleur. Il nous semble que la traduction la plus proche est l'enchevêtrement. À noter cependant qu'il s'agit encore d'une construction théorique, de l'ordre de l'analogie plutôt que de la réalité, permettant de communiquer une certaine information au sujet de la famille.

D'un point de vue dynamique, Boszormenyi-Nagy (1965)
et Laing (1971) considèrent que des distorsions transféren-
tielles empêchent la dépersonnalisation et la désintégration de soi ou de la famille, que l'on appréhende sur le
plan fantasmatique. Il y a alors maintien à tout prix des
réseaux familiaux de transactions ou de relations tels
qu'ils ont été introjetés. Ce mécanisme est également sug-
géré par le concept de pseudo-mutualité défini par Wynne
(1958). Ceci amène chez les individus un état d'indifférenciation et de fusion les uns avec les autres, de sorte
que l'on se trouve devant une sorte de conglomérat émotionnel, que Bowen (1966) appelle un "moi groupal indifférencié" (underdifferentiated family ego mass).

Dans les familles désengagées par contre, les membres
peuvent fonctionner de façon autonome, mais avec un sens
perverti de l'indépendance: ils n'éprouvent pas de sentiment de fidélité et d'appartenance au groupe, sont incapables de demander du support quand ils en ont besoin ni d'en
accorder aux autres. Il n'y a pas d'interdépendance entre
les individus. La famille désengagée a tendance à ne pas
réagir quand une réponse est nécessaire (Minuchin et al.,
1978).

Dans une famille saine enfin, non seulement les sous-
systèmes sont clairs et délimités de façon perméable, mais
il y a aussi une hiérarchie des membres à des niveaux de
différenciation clairement définis et appropriés à leur
âge. "Les parents et les enfants peuvent être eux-mêmes.
Chacun est libre d'essayer d'autres rôles, mais de façon
créative, au service de la différenciation." (Baker, 1976)

Le concept de frontière recouvre cependant deux réalités distinctes, dans la mesure où l'attention se fixe sur

les individus ou sur le système. Dans le premier cas,
c'est la notion de "fusion", au sens de Bowen (1966), qui
rend le mieux compte de l'indifférenciation. Dans le second cas, l'"enchevêtrement" décrit bien le fonctionnement
du système. Le terme "frontière" comprend donc deux aspects, celui de "rôles" déterminant les limites des sous-
systèmes, et celui de "proximité", définissant les frontières interpersonnelles. Il est également important de noter
que des frontières diffuses et un manque de hiérarchie intergénérationnelle dans une famille ne sont pas nécessairement des signes pathologiques; la caractéristique à considérer est la flexibilité, permettant de passer aisément
d'une situation à une autre suivant les circonstances et le
stade du cycle de vie familiale (Wood et Talmon, 1983).

2 - Couple

Cellule de base de l'unité familiale, le couple constitue une structure en tant que telle, indépendamment des
individus qui le composent. Ce qui le caractérise, c'est
la durée: il préexiste en effet à la naissance des enfants
et continue d'exister après leur départ, du moins théoriquement (Castellan, 1980). Il a été beaucoup écrit sur les
déterminants du choix conjugal et la satisfaction des conjoints, mais les résultats des recherches sont peu con-
cluantes dans les deux cas!

1° Choix conjugal

Ce choix ne s'effectue en fin de compte que parmi un
très petit nombre de partenaires possibles: peut-on même
dans ces conditions parler de choix? Le champ des personnes "éligibles" est généralement déterminé par la similitu-
tude de race, d'origine ethnique, de classe sociale, de

religion, d'âge et de proximité résidentielle; c'est ce qui
constitue l'homogamie. Le choix lui-même dépend de variables psychologiques inconnues: il n'y a pas de réponse
unique à la question de savoir s'il vaut mieux s'associer
par complémentarité, par similitude ou par un compromis des
deux. Castellan (1980) note qu'une chose revient cependant
de façon constante dans les recherches: "La proportion
d'attitudes communes, quelles que soient ces attitudes, est
la base indispensable de tout couple durable." De son
côté, Mucchielli (1973) souligne que le concept central est
celui de compatibilité, qui serait: "d'une part une similarité des tempéraments, des besoins sexuels et des valeurs, d'autre part un dosage délicat de similarité et de
complémentarité en ce qui concerne les autres besoins et
rôles" (p. 24).

Lemaire (1981) fait toutefois remarquer qu'à côté de
la satisfaction des besoins conscients, on attend aussi de
l'objet d'amour qu'il contribue à renforcer le Moi et le
sentiment de sécurité. La clinique conjugale montre que
les partenaires présentent souvent une problématique psychologique commune, mais s'exprimant de façon complémentaire: dépendance/indépendance, proximité/distance, expression des émotions/rationalisation, sadisme/masochisme,
exhibitionnisme/voyeurisme... Ce qui oriente alors le
choix du conjoint, c'est l'espoir inconscient d'être sou-
lagé des conflits intrapsychiques par l'utilisation du partenaire élu. Chacun attend de l'autre qu'il joue un certain rôle à son égard, complémentaire au sien, qui repro-
duit souvent un type de relations vécu dans le passé.

La théorie des relations d'Objet est d'ailleurs souvent invoquée pour rendre compte du processus inconscient à

l'oeuvre dans le couple. Chacun est amené en effet à assumer quelque chose pour l'autre correspondant souvent à une partie non acceptée de soi-même: le mari n'a pas à se montrer affectueux aussi longtemps que sa femme exprime ses sentiments pour lui; l'épouse ne doit pas se mettre en colère et s'affirmer dans la mesure où son conjoint le fait à sa place... Un accord tacite, plus ou moins inconscient, s'établit entre les époux, qui entrent ainsi en collusion l'un avec l'autre (Stewart et coll., 1975). Ce phénomène n'est pas nécessairment pathologique, mais décrit simplement la dynamique au sein du couple. Le caractère pathologique de la relation dépend du caractère contraignant du processus et du degré auquel chacun a intégré dans sa propre personnalité les caractéristiques ambivalentes de l'Objet, tour à tour "bon" ou "mauvais". Lorsque l'intégration est réussie, l'individu ne projette pas dans l'autre, par suite du clivage, ses attentes d'un Objet totalement bon ou totalement mauvais, afin de préserver sa propre image de soi.

Dicks (1953) note que beaucoup de tensions surgissent lorsque le partenaire ne répond pas (ou plus) à cette attente inconsciente. Il y a certes un double deuil à faire, celui de l'objet idéalisé et celui d'une représentation idéalisée de soi-même:

> La capacité à vivre l'équivalent du deuil apparaît comme le véritable critère permettant d'apprécier le degré de maturité suffisante pour que le sujet soit susceptible de s'engager dans un processus amoureux de plus longue durée (...) Accepter de reconnaître l'imperfection de l'Objet, son caractère non totalement satisfaisant, c'est accepter de reconnaître à son égard des sentiments hostiles, au sein même d'un véritable attachement pour lui. (Lemaire, 1981, p. 74)

Et Lemaire d'ajouter: "Un solide sentiment de son existence, de sa réalité, de son identité, est nécessaire pour que l'être humain soit capable d'établir une relation véritable avec autrui sans se sentir menacé" (p. 106). Il y a en effet une grande différence entre former une relation intime avec un individu autonome et employer cette relation pour essayer de compléter son propre self et d'augmenter son estime de soi! Etre seul avec quelqu'un constitue un véritable paradoxe et le dilemme de base du couple (Wexler et Steidl, 1978; Carter et Mc Goldrick, 1980).

2° Satisfaction conjugale

Les résultats sont également peu concluants en ce qui concerne les facteurs liés à la satisfaction conjugale. Dans une recension des recherches effectuées au cours des années 60, Hicks et Platt (1970) observent qu'en plus des facteurs généralement notés, - niveau socio-économique, similitudes entre les époux, partage d'affection, âge au moment du mariage -, le rôle instrumental du mari occupe une place plus grande qu'on ne veut généralement l'admettre! Par ailleurs, la stabilité de certains couples, alors que la satisfaction est faible, suggère que la durée de l'union dépend de facteurs beaucoup plus complexes que le simple fait d'être heureux.

Rucquoy (1974) énumère les déterminants pouvant agir négativement sur la satisfaction conjugale:
- les déterminants sociologiques: proximité physique, surtout dans les milieux urbains, permettant une plus ou moins bonne régulation de l'intimité; anonymat social, amenant une recherche de communication plus dense à l'intérieur du couple; influence des masse-médias; développement

accru des moyens de communication; mobilité profession-
nelle, sociale et géographique; rythme de vie accéléré;
augmentation du temps libre; modification rapide des rapports entre hommes et femmes, sous l'influence notamment
des mouvements de libération de la femme...

- les déterminants psychologiques: il en a déjà été
question lors du choix conjugal; il est évident que ceux-ci
sont à l'oeuvre tout au long de la vie du couple. Un conflit peut en effet éclater au moment où le partenaire est
"désidéalisé" ou lorsqu'il refuse de continuer à jouer le
rôle que son conjoint lui assigne. Il arrive assez souvent
que l'évolution individuelle des époux ne suive pas le même
rythme, ce qui peut déséquilibrer le couple et même amener
l'effondrement de l'autre: "Il n'a pas respecté le con-
trat", entend-on parfois dire. Willi (1984) note que le
succès conjugal dépend aussi de la qualité des idéaux par-
tagés. Or "les changements rapides des normes et des valeurs rendent difficile aujourd'hui aux deux partenaires
l'établissement d'idéaux mutuels, distincts, conjugaux,
qui permettent une bonne identification et facilitent une
structuration claire du système conjugal." (p. 179)

Il n'est donc pas facile de vivre en couple à l'heure
actuelle. Il constitue en effet l'objet de tant d'attentes
qu'il est pratiquement impossible de les satisfaire toutes:
exigences économiques, sociales, procréatives, affectives
et sexuelles (Lemaire, 1981). Selon le stade de la vie
conjugale où se trouvent les conjoints, ces diverses attentes revêtent d'ailleurs plus ou moins d'importance. Garfinkle (1976) propose un modèle basé sur cette évolution,
tenant compte du but que poursuit le couple aux différents
moments de son existence:

- le couple d'amis a pour raison d'être la création
d'une unité sexuelle marquée par l'intimité;

- le couple de partenaires a pour but la création d'une unité économique, caractérisée par l'interdépendance financière des deux conjoints;
- le couple de parents vise la création d'une unité familiale centrée sur l'éducation des enfants;
- le couple de compagnons cherche à créer une unité centrée sur la retraite, s'épaulant mutuellement dans les désinvestissements nécessaires à cette période.

Considérant qu'il s'agit toujours des mêmes conjoints au fil des ans, on peut se demander ce qui caractérise finalement "l'amour conjugal". À la suite d'une recherche exploratoire portant sur 25 couples se disant heureux en ménage, Laurence (1982) souligne que la satisfaction conjugale dépend de plusieurs facteurs et qu'il y a plusieurs sortes de couples heureux. Il conclut que l'élément principal réside dans un solide sentiment d'identité, personnelle et de couple. De plus, tous les couples étudiés se caractérisent par leur bon sens, leur réalisme, leur sens de l'humour, une atmosphère relationnelle chaude et agréable, une forte coalition en tant que parents, la présence de frontières claires, un engagement personnel et une bonne dose de confiance en soi chez chacun des conjoints!

Avec cette notion d'identité personnelle, nous revenons à la conclusion tirée lors du choix conjugal comme condition pour établir une relation véritable avec autrui. S'y ajoute à présent la notion d'identité de couple qui se construit peu à peu au long de la vie conjugale. Mucchielli (1973) y voit les éléments suivants:
- un engagement vers l'avenir, ce qui implique non seulement une intentionnalité mais surtout une volonté commune de construire son existence ensemble;

- un besoin de création, portant aussi bien sur les soucis immédiats (logement, ressources...) que sur la fondation d'une famille;

- de la coresponsabilité, supposant un certain degré de confiance en l'autre;

- et l'acceptation d'une transcendance, c'est-à-dire l'acceptation du fait que le couple constitue une unité supérieure, ce qui exige l'abandon d'une certaine part d'égocentrisme:

> Ainsi la notion d'unité (à construire) d'un couple, et au-delà, d'un groupe familial, apparaît comme la dimension essentielle de l'amour conjugal et, de ce point de vue, comme l'antithèse du narcissisme et de l'égocentrisme. (p. 40)

3 - Fratrie

La relation frère/soeur a souvent été considérée comme une interaction entre chaque enfant et les parents plutôt qu'entre les enfants eux-mêmes. Elle a donc été abordée surtout sous l'angle de la rivalité fraternelle pour obtenir l'amour des parents (Corman, 1970). Or cette relation dure toute la vie, soit de 50 à 80 ans, alors que celle établie avec les parents s'étend sur une période moindre, soit de 30 à 50 ans. Quand la famille croît, l'importance des frères et soeurs croît également. La fratrie ne représente pas seulement l'expression des désirs et attentes des parents en ce qui concerne les relations fraternelles; elle exerce un pouvoir propre, échange des services et exprime les sentiments des uns envers les autres. Cette relation prend actuellement d'autant plus d'importance que les familles sont plus petites, que la vie dure plus longtemps, qu'il y a plus de divorces et de remariages et une plus grande mobilité géographique, que la mère travaille et fait garder ses enfants, etc. La fratrie demeure en effet un réseau de support privilégié jusque durant la vieillesse, après la mort du conjoint et le départ des enfants (Bank et Kahn, 1982). Ainsi que le dit Ormezzano (1981): "La fratrie continue à tisser ses fils quotidiens, à évoluer; même si le passé pèse encore, on ne peut l'y réduire. Le réseau de communication que tisse la fratrie est au coeur du développement de chacun de nous." (p. 171)

À l'occasion d'un relevé de la littérature consacrée à la question, Druenne-Ferry (1981) note une double référence théorique possible dans l'étude de la fratrie:

- l'une, psychogénétique et dynamique, dans la ligne de Wallon, met l'accent sur la spécificité de la relation fraternelle et sur son rôle dans la construction de la personnalité;

- l'autre, inspirée de la psychanalyse, situe cette relation et les conflits qui en résultent directement dans la sphère oedipienne. Nous allons examiner successivement ces deux aspects.

1° Fonctions de la fratrie

Jusqu'il y a peu, les études sur la fratrie se basaient surtout sur la place occupée par les enfants dans la famille, en relation avec leurs parents. C'est ainsi qu'ont été tracés les portraits de l'aîné, du cadet, du benjamin, de l'enfant unique, des jumeaux... Soulé (1981) note cependant: "Il semble qu'il y ait une dynamique originale dans la fratrie, qui ne peut être reportée seulement à un déplacement des affects éprouvés à l'égard des parents ou de leurs Imagos ou de leurs substituts thérapeutiques." (p. 15) C'est à Bank et Kahn (1982) que nous

devons l'ouvrage le plus documenté sur la relation fraternelle. Nous nous inspirons donc largement de leur travail
dans cette section.

Même si nous nous trouvons en présence de groupes va-
riant à l'infini dans leur structure interne (Osterrieth,
1967), il est indéniable que la fratrie remplit de nombreuses fonctions:

1 - Régulation mutuelle: selon Porot (1973), la fonction essentielle de la fratrie est de permettre la meilleure socialisation possible de l'enfant. C'est en effet
en son sein que peuvent s'expérimenter de nouveaux rôles et
comportements, sous l'oeil critique des autres qui les en-
couragent ou les corrigent, avant qu'ils ne soient utilisés
avec les parents ou avec les pairs.

Les frères et soeurs peuvent se faciliter mutuellement
la vie ou se la rendre insupportable: apprentissage des
habiletés, prêt d'argent ou de vêtements, manipulation des
amis, ou au contraire interférence entre les autres et le
monde extérieur. Cet échange de biens et services est sujet à des négociations subtiles et continuelles: "Chacun
se délimite des lieux, aux frontières invisibles pour le
profane, qui le protègent autant des débordements internes
que des envahissements en provenance de l'extérieur." (De
Mijolla, 1981, p. 61)

Bank et Kahn (1982) considèrent que quatre zones de
besoins doivent être remplies pour qu'un frère ou une soeur
soit satisfait de sa relation: les contacts humains et
l'intimité, l'interaction personnelle, la complémentarité
des rôles dans les activités quotidiennes et les valeurs

personnelles. La satisfaction complète est évidemment rare
et c'est une structure mixte qui est représentative de la
plupart des relations fraternelles.

2 - Rapports avec les parents: les enfants peuvent
former une coalition pour négocier avec plus de force et
contrebalancer le pouvoir des parents. Ils échangent secrets et confidences, étant les gardiens du monde privé
l'un de l'autre. Ils peuvent également servir de média-
teurs ou de porte-parole entre leur univers et celui des
adultes, pour notamment faire comprendre aux parents ce qui
se passe chez l'un d'eux, traduire aux autres le comportement des parents (alerte, humeur, attitude, conséquences
d'un comportement...), éduquer ces derniers (à propos des
changements culturels par exemple), explorer de nouvelles
manières de faire...

3 - Identification et différenciation: Ormezzano
(1981) décrit la fratrie comme un espace transitionnel,
corporel et relationnel, où se construit le psychisme. Il
est évident que les frères et soeurs ont un impact émotionnel les uns sur les autres et qu'à travers cette relation
peut s'établir le sentiment d'être une personne distincte:

> Attachment, developing object relations, self-
> object differenciation, and the emergence of
> transitional objects are major and inevitable
> milestones in each child's psychological develop-
> ment. These are the precursors of the fascina-
> ting transactions between siblings as they strug-
> gle to claim separate identifies. (Bank et Kahn,
> 1982, p. 46)

Un enfant peut en effet se voir dans l'autre et expérimenter la vie à travers l'expérience d'un frère ou d'une
soeur. Mais sans une différenciation adéquate, un dangereux processus de fusion peut bloquer le développement de

chacun. Bank et Kahn décrivent huit processus possibles d'identification, allant de la fusion au désengagement, qu'ils répartissent en trois catégories:

1) l'identification complète ou presque, insistant sur une grande ressemblance et peu de différence. On y retrouve la fusion gémellaire, la similitude ambivalente généralement accompagnée de conflits, et l'idéalisation suivie d'imitation:

2) l'identification partielle, reconnaissant à la fois les ressemblances et les différences, permettant des relations de dépendance mutuelle, ou d'indépendance dynamique constructive (la relation idéale selon les auteurs) ou destructive;

3) la distanciation, refusant toute ressemblance et rejetant l'autre, voire même l'ignorant complètement.

2° Rivalité fraternelle

> Il faut que les frères et soeurs s'interdisent
> l'agressivité et la haine, comme ils doivent éga-
> lement s'interdire la sexualité et l'amour (...)
> Ce qui est demandé aux frères et soeurs est d'au-
> tant plus paradoxal qu'ils ne se sont pas choi-
> sis, mais qu'ils ont été imposés les uns aux au-
> tres dans leurs âges, dans leur ordre d'arrivée,
> dans leur nombre et dans leurs sexes par le fait
> des parents. (Soulé, 1981, p. 12)

Comment s'étonner dès lors que règne entre eux une certaine rivalité, si pas une rivalité certaine? Les psychanalystes placent cette rivalité au coeur même de toute expérience fraternelle, comme une lutte pour obtenir l'affection exclusive des parents. Si l'on considère le triangle

oedipien père-mère-enfant, nous nous trouvons dès lors face
à une structure complexe faite de plusieurs triangles s'im-
briquant les uns dans les autres:

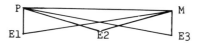

Fig. 7: Structure fraternelle oedipienne

Selon De Mijolla (1981), les représentations fraternelles sont placées sous le double signe du report et de
la substitution par rapport aux personnages originaires que
sont le père et la mère. Pour Corman (1970), la rivalité
fraternelle est omniprésente, mais peut prendre des formes
masquées à cause de la censure du Moi; elle n'en continue
pas moins d'exercer une influence importante sur le développement de la personnalité de l'enfant.

Cependant, la rivalité fraternelle peut avoir un effet
positif, comme l'indique Almodovar (1981): "L'expérience
de la jalousie peut permettre à l'enfant de parvenir à une
meilleure différenciation des rôles de chacun, mais surtout
des motifs qui lui sont propres en ce qu'ils s'opposent aux
motifs d'autrui" (p. 35). De nombreuses formes d'agression
fraternelle ne sont d'ailleurs pas de l'ordre de la rivalité; cette agression peut représenter en effet un contact,
une chaleur, une présence d'autrui... Elle apprend aux
protagonistes comment résoudre les conflits, favorise le
développement du sens moral, de la loyauté, de la créativité, et permet à l'individu de se défendre contre toute
autre agression, réelle ou fantasmatique (Bank et Kahn,
1982).

Bien sûr, l'issue de cette rivalité dépend beaucoup de l'attitude des parents face à l'agressivité et aux conflits. C'est ainsi que certains amplifient les querelles tandis que d'autres interdisent toute forme de disputes. Il arrive en effet que les enfants soient poussés à agir les sentiments agressifs de leurs parents; d'autres au contraire, suite à l'interdit, seront amenés à exprimer leur colère de façon masquée. En fait ces conflits appartiennent en propre aux enfants, mais beaucoup de parents trouvent difficile d'en respecter les frontières. Cela requiert de leur part d'être relativement libérés de leurs propres difficultés face à l'agressivité et d'établir des règles consistantes et claires au sujet des querelles (Bank et Kahn, 1982).

3° Conclusion

La relation fraternelle joue donc un rôle indéniable dans la formation de la personnalité et l'apprentissage de la vie en société, pour laquelle elle constitue une sorte de mini-laboratoire. Établissant une articulation entre Lacan (au sujet de la nature spéculaire de la relation) et Wallon, Almodovar (1981) considère qu'il existe deux dimensions structurant les expériences fraternelles dans le développement de l'enfant:

> ... une dimension imaginaire, qui s'organise autour de la problématique spéculaire, la recherche d'une impossible similitude avec autrui, qui renvoie à la confusion Moi-Autrui au risque d'une dissolution de l'identité personnelle; ... et le noyau dur de la réalité des expériences fraternelles, qui se structure autour des conflits qui jalonnent le lent processus de délimitation des motifs propres à chacun des partenaires. (p. 36)

4 - Alliances et coalitions

Parallèlement à ces sous-systèmes que l'on peut qua-
lifier de naturels, existent d'autres sous-systèmes qui
résultent du jeu des alliances et des coalitions. Wynne
(1961) définit une alliance comme la perception ou l'expérience que font deux ou plusieurs personnes d'être unies
par des attitudes, des valeurs ou des intérêts communs et
d'éprouver des sentiments positifs l'une envers l'autre. À
cette notion s'oppose celle de rejet, associés à des sentiments négatifs. Ces alliances et ces rejets existent à
différents niveaux de conscience et définissent l'organisation émotionnelle du système tout en remplissant une fonction homéostatique. Dans une famille normale, les individus se sentent libre de s'allier en fonction des étapes de
la vie et des opérations nécessaires au moment présent.
Dans les familles perturbées par contre, ces alliances peuvent devenir des coalitions dirigées contre un membre ou un
sous-système particulier.

Le cas le plus fréquent est celui du triangle, coalition de deux personnes contre une troisième (Bowen, 1966).
Ceci se rencontre notamment quand les parents utilisent un
enfant pour détourner ou dévier les conflits conjugaux:
une mère parlant à la place de son enfant de façon à dis-
créditer le père; les parents attribuant les raisons de
leur mésentente à leur enfant, etc. C'est ce que Haley
(1977) appelle "triangles pervers" et Minuchin (1978)
"triades rigides". Ces coalitions peuvent prendre différentes formes (figure 8):

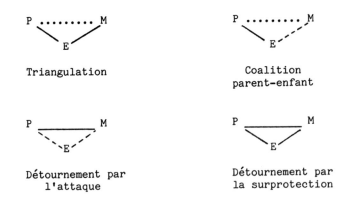

Fig. 8: Triades rigides selon Minuchin

1° la triangulation, où les deux parents, en conflit plus
ou moins ouvert, essaient d'obtenir la sympathie ou
le support de l'enfant contre l'autre, ce qui amène
chez l'enfant d'intenses conflits de loyauté;

2° la coalition parent-enfant, où un parent s'associe à
l'enfant contre l'autre; cette proximité peut provoquer le symptôme, surtout lorsque le développement de
l'enfant commence à menacer l'équilibre ainsi établi;

3° le détournement par l'attaque, où les deux parents se
liguent contre l'enfant, celui-ci devenant de la sorte
le bouc-émissaire;

4° le détournement par la surprotection, où l'enfant est
considéré comme faible et malade et devient l'objet
de l'attention des deux parents, comme dans les "familles psychosomatiques".

En soi, les triangles ne sont ni bons ni mauvais: ils
constituent des mécanismes naturels de régulation (Hoffman,
1981). Dans les périodes de calme en effet, deux membres
du triangle sont en alliance émotionnelle confortable, la

troisième essayant d'obtenir la faveur ou l'attention de
l'un ou de l'autre. Dans les périodes de tension par contre, cette troisième personne est en position de force, les
deux autres s'efforçant de l'inclure dans leur conflit
(Bowen, 1966).

Chapitre III
La communication

S'il est un terme galvaudé à l'heure actuelle, c'est bien celui de "communication"! Il est en effet employé à toutes les sauces, aussi bien par les masse-médias qu'en cybernétique, en linguistique et en relations humaines... La plupart des couples et des familles qui viennent en consultation donnent comme raison: "Nous avons des problèmes de communication", ce qui, si l'on y réfléchit bien, ne veut strictement rien dire... à moins que cela ne dise tout? Selon Luthman et Kirschenbaum (1975) en effet, dans les relations humaines: "La communication est une interaction entre deux personnes qui se rencontrent et cherchent à rendre cet événement signifiant pour elles." Avoir des problèmes de communication, dans cette optique, n'est-ce pas tout simplement ne plus y trouver de signification?

C'est dans les années 50 avec les recherches de Bateson et son équipe à Palo Alto en Californie, que la communication est devenue le centre d'intérêt des études sur la famille. Depuis lors, les travaux ont pris deux directions principales: la première, dans la ligne de Bateson et Haley, considère la communication comme l'ensemble du flux interactionnel entre les membres de la famille; la seconde, sous l'influence de thérapeutes d'orientation plus humaniste comme Satir, ou d'approche behaviorale tels Jacobson et Stuart, essaie d'apprendre aux membres de la famille à communiquer efficacement (Winkler et Doherty, 1983). L'une débouche sur une théorie de la communication tandis que l'autre s'attache aux diverses composantes du discours et à leurs caractéristiques.

1 - Théorie de la communication

Le projet de recherche de Bateson et de ses collaborateurs, en 1952, porte au départ sur la communication dans son ensemble, en accordant une attention spéciale au paradoxe; l'accent est mis sur les différents niveaux d'abstraction du langage, dans la ligne de la théorie des types logiques du mathématicien Russel. Le père de Bateson, biologiste, s'intéressait surtout à la symétrie dans les espèces, problème de relations entre parties. Son fils s'est d'abord dirigé vers la zoologie où, étudiant la morphogenèse, il est amené à rechercher la règle, l'injonction, qui pousse ainsi les individus à se modifier. Se tournant plus tard vers l'anthropologie, il essaie d'établir une typologie des relations (ou des processus) qui rende compte des différences observées entre les tribus; certaines mettent en effet de l'avant la symétrie dans les relations alors que d'autres insistent sur la complémentarité. Bateson remarque en outre l'importance du contexte dans l'établissement de ces types de relations, ce qui conditionne l'attente d'un certain mode de comportement: c'est ce qu'il appelle le deutéro-apprentissage (ou apprentissage du contexte). Il en arrive de la sorte à définir une nouvelle épistémologie (dans le sens de théorie de l'acquisition du savoir), basée sur:

1°   la différence comme relation principale: sans différence, pas d'énergie ni d'échange possibles, donc pas de relations;

2°   la circularité systémique par feedback;

3°   la hiérarchie des types logiques de Russel, appliquée aux systèmes des processus mentaux (ou esprit).

À sa suite, Watzlawick, Helmick-Beavin et Jackson (1967) développent plus spécialement les aspects logique et pragmatique de la communication dans les relations humaines. Ils en définissent d'abord les axiomes de base, pour s'attacher ensuite à l'étude des paradoxes, dont la "double contrainte" constitue une application particulière.

1.1 Axiomes de base

Toute communication humaine possède cinq grandes caractéristiques, qui ont une incidence sur le comportement et sur la relation.

1°   <u>Il est impossible de ne pas communiquer</u>: tout comportement (et pas seulement le discours) est communication; inversement, toute communication affecte le comportement. Même le schizophrène qui se terre dans son coin en tournant le dos communique son refus de communiquer. Chacun des partenaires définit de la sorte les règles de la relation, qui doivent reposer sur un minimum de consensus pour que celle-ci ne soit pas conflictuelle. Encore faut-il comprendre correctement le message envoyé, ce qui amène le deuxième axiome.

2°   <u>Tout message comporte un message sur le message</u>: ce message-sur-le-message qualifie ce dernier en indiquant à l'interlocuteur comment le comprendre: "Ceci est un ordre", ou "Ne prenez pas au sérieux ce que je dis: c'est une plaisanterie", etc. Cette communication d'un deuxième niveau, - qui est souvent de nature non verbale (intonation, gestes, mimique...) -, porte sur la relation entre les partenaires; il s'agit d'une métacommunication. Même si une terminologie extrêmement variée est employée pour désigner ces messages de types logiques différents, l'idée est toujours la même: il s'agit d'un message qui commente, qualifie ou précise le premier (Schuham, 1967).

3° La nature d'une relation repose sur la ponctuation des séquences de communication entre les participants: il s'agit en fait de l'éternel problème de la poule et de l'oeuf: lequel vient en premier, l'oeuf ou la poule? Pour qu'une relation ne soit pas conflictuelle, il est important que les partenaires ponctuent la communication de la même façon. Bien des problèmes conjugaux proviennent ainsi de malentendus quant à la séquence, ce qui amène un cercle vicieux et répétitif, du type:

- Mari: ma femme me fait continuellement des reproches, c'est pourquoi je bois...
- Femme: mon mari est un alcoolique, je ne peux le laisser boire...
- Mari: ... mais je bois pour oublier ses reproches...
- Femme: ... mais si tu ne buvais pas, je ne te dirais rien...

et ainsi de suite. Il est évident que chacun des deux partenaires ponctue différemment la séquence: le point de départ n'est pas le même pour l'un et l'autre. Pour le mari, la séquence se lit: "Ma femme me fait des reproches, donc je bois." Tandis que la femme la ponctue de la façon suivante: "Mon mari boit, donc je lui fais des reproches."

4° Il y a deux modes de communication, digital et analogique: la communication digitale transmet l'information à l'aide de mots, signes arbitraires que l'on utilise conformément à la syntaxe logique de la langue; en général, c'est elle qui transmet le contenu du message. Le mot "table" n'a rien de l'aspect d'une table; le terme "brun" n'a certes pas cette couleur; ce sont des conventions admises et comprises par tout francophone. La phrase "La table est brune" transmet une information factuelle qui donne peu prise à l'interprétation. La communication analogique, quant à elle, a des rapports plus directs avec ce qu'elle représente (le dessin d'une table brune par exemple) et englobe tout le côté non verbal de la communication: elle porte plus spécialement sur la relation. N'obéissant pas à des règles précises, elle peut donner lieu à diverses interprétations et prête davantage à l'équivoque.

5° Toute communication est soit complémentaire soit symétrique: la communication symétrique minimise les différences et met l'accent sur les similitudes entre les partenaires. La communication complémentaire est fondée sur la différence, le comportement de l'un complétant celui de l'autre. Dans la pratique, c'est cette dernière qui est la plus courante: mari-femme, parent-enfant, patron-employé, etc. Selvini-Palazzoli et ses collaborateurs (1978) font cependant remarquer que: "Position symétrique et position complémentaire ne sont ni meilleures ni pires l'une par rapport à l'autre. L'essentiel pour que la relation interpersonnelle ne soit pas psychotique, c'est la clarté indéniable et réciproquement acceptée de sa définition." (p. 37)

1.2 Paramètres de la communication

Ricci et Selvini-Palazzoli (1984) considèrent la communication comme un jeu à plusieurs partenaires, que ceux-ci soient présents ou non. Même dans une interaction dyadique, le receveur demeure ambigu, car une dyade en communication fait inévitablement partie d'un système plus étendu, ce qui accroît la complexité de façon géométrique plutôt que simplement arithmétique; c'est ce que les auteurs appellent territorialité. Il convient dès lors de tenir compte non seulement du contenu de la communication (X) et de l'aspect relationnel (Y), mais aussi du nombre potentiel de participants (N). La territorialité peut varier avec le temps (T), paramètre également peu défini. Il importe en effet de préciser si la communication vaut à court, moyen ou long terme, au risque sinon de paraître irrationnelle. Les auteurs proposent donc la formule suivante pour rendre compte de la communication:

$$C = (X, Y, N, T)$$

Chaque communication est caractérisée par la façon dont ces quatre paramètres sont combinés, ce qui résulte d'un choix parmi un ensemble de possibles. Chaque communication révèle donc à la fois ce qui a été choisi et ce qui a du même coup été exclu. Cette dualité inclusion/exclusion augmente encore la complexité de l'interaction. Les auteurs donnent l'exemple d'un garçon encouragé par ses parents à faire du sport. Au moment où il devient champion de sa spécialité, il se heurte au mécontentement des parents. Ces derniers envisageaient en effet le sport non pour ses vertus intrinsèques mais pour tout ce qu'il excluait (mauvaises fréquentations, drogue, masturbation, etc.).

1.3 Double contrainte

1° Définition

Un des aspects les plus étudiés par les théoriciens de la communication humaine est le paradoxe, "contradiction qui vient au terme d'une déduction correcte à partir de prémisses consistantes" (Watzlawick et coll., 1967). Les auteurs se sont surtout attachés à la façon dont, dans le langage, deux ou plusieurs messages et métamessages produisent des paradoxes de type russélien, par le fait qu'ils appartiennent à des classes de niveaux d'abstraction différents (Bateson et coll., 1962). Mangin (1983) souligne à ce propos le glissement d'une conception purement logique et mathématique à une conception psychologique du paradoxe comme mode spécifique de communication humaine:

> Quelque chose dans la nature du paradoxe a une portée pragmatique directe, et même existentielle pour chacun de nous: non seulement le paradoxe peut envahir l'interaction et affecter notre comportement et notre santé mentale, mais il est un défi à notre croyance en la cohérence, et donc finalement à la solidité de notre univers. (Watzlawick et coll., 1967, p. 187)

Bien plus que les paradoxes logico-mathématiques et les définitions paradoxales (du type "Je suis un menteur", ce qui ne peut être vrai que si c'est faux et inversement), ce sont surtout les paradoxes pragmatiques qui affectent le comportement. C'est dans ce groupe que se classent les

---

1. Le terme "double contrainte" est la traduction la plus généralement admise de l'anglais "double bind". Benoît (1981) emploie pour sa part le terme "double lien" et Eiguer (1983) "double message contraignant". Il nous semble cependant que "double contrainte" rend mieux compte de l'esprit du terme anglais.

injonctions paradoxales, telles que "Sois spontané" ou "Je veux que tu sois le chef", qui placent le récepteur dans une position intenable, surtout s'il ne peut commenter la contradiction.

C'est à partir de cette constatation et en tenant compte des différents niveaux de la communication, que Bateson et ses collaborateurs ont élaboré en 1956 la "théorie" de la double contrainte, qui peut être schématisée comme suit:

1° soit A et B, deux personnes en relation intense et continue, relation qui a une valeur vitale pour au moins une des deux: par exemple, une mère et son enfant;

2° A envoie une injonction à B, généralement de façon verbale, digitale: "Viens m'embrasser";

3° mais A envoie en même temps une deuxième injonction, souvent sur le plan non verbal, analogique et métacommunicatif, qui contredit et disqualifie la première: A esquisse un mouvement de retrait au moment où B s'approche pour l'embrasser (ce qui veut dire: "Ne me crois pas, je n'ai pas envie que tu m'embrasses");

4° B est donc placé dans une situation intenable, doublement contraignante, car il risque d'être puni s'il embrasse sa mère (puisque celle-ci ne le désire pas vraiment) et s'il ne le fait pas (auquel cas elle enchaînerait: "Tu ne m'aimes donc pas?"), mais il est dans l'impossibilité de commenter cette situation paradoxale, car il y va de sa survie.

Les auteurs font de la double contrainte un schéma explicatif de la schizophrénie, dans la mesure où ce mode de communication se répète depuis la petite enfance. L'enfant

est ainsi placé dans un contexte d'apprentissage (ou deutéro-apprentissage) où une telle situation finit par être
la norme. Trois possibilités de réactions s'offrent alors
à lui: soit rechercher constamment le sens, les indices,
permettant d'interpréter correctement le message, ce qui
est la position paranoïde; soit prendre le message au pied
de la lettre et adopter un comportement vide de sens, ce
qui est le cas de l'hébéphrénie; soit enfin se retirer purement et simplement de l'interaction, ce qui mène à la ca-
tatonie.

2º Développements ultérieurs

Le concept de double contrainte a connu un essor pro-
digieux depuis sa première formulation et a souvent été employé à tort et à travers, pour décrire l'hostilité masquée, les stratégies, les contradictions, les affirmations
contradictoires au sujet des affects, des souvenirs, de la
culpabilité, etc. (Rabkin, 1976). Il est vrai que l'on retrouve des doubles contraintes dans bien d'autres situations que la schizophrénie (hystérie, obsession, dépression...) et que, dans ce sens, on ne peut en faire un facteur étiologique de cette maladie. La double contrainte se
retourne d'ailleurs souvent contre son auteur, qui se voit
lui-même prisonnier du contexte ainsi créé: il n'y a pas
à vraiment parler de victime et de persécuteur, car l'un
n'existerait pas sans l'autre; il s'agit d'une circularité
systémique.

Bien plus, une telle situation peut être produite par
plusieurs personnes: père, mère, frères et soeurs...
(Weakland, 1960). Tel est le cas du biais conjugal ("marital skew") de Lidz (1957), où le père et la mère semblent

avoir une vue commune de la famille, mais où l'accord n'est qu'apparent: des indices de désaccord et des messages conflictuels sont envoyés aux enfants sous des formes masquées. Le concept de pseudo-mutualité de Wynne (1958) implique également l'existence de messages proclamant la proximité et d'autres indiquant le contraire:

> Les divergences entre ces deux niveaux de relation sont analogues, dans la théorie de la double contrainte, à la différence entre injonction primaire et injonction secondaire se situant à un niveau plus abstrait. Nous avons aussi mis l'accent sur le concept d'une frontière élastique ("rubber fence") psychologique, qui s'étire et se déforme de façon à prévenir les changements de relation dans le système familial; la contrepartie dans la théorie de la double contrainte est la troisième injonction négative, empêchant la victime de sortir du champ. (Wynne, 1976, p. 244)

Ferreira (1980) parle de son côté du double lien de scission pour rendre compte de la délinquance. Les caractéristiques en sont les suivantes:

1 - deux manipulateurs, A et B, habituellement en position haute (souvent les parents);

2 - une "victime" C, généralement un enfant, en position basse;

3 - des séries de messages de A et B vers C, reliés dans le temps et de niveaux d'abstraction différents, tels que, par exemple, le message de A constitue un commentaire sur le message de B, condamnant ou détruisant celui-ci;

4 - ces messages revêtent, pour C, une importance relativement égale. Au lieu d'une troisième injonction l'empêchant de quitter le champ, ils incitent la victime à fuir la situation et à adopter un comportement délinquant.

Étendant le concept à des contextes sociaux plus larges, Wynne (1978) parle même de "métacontrainte", découlant de règles et obligations socio-culturelles implicites, impossibles à localiser dans un individu en particulier. La double contrainte peut également avoir une valeur positive; elle est souvent à la base de l'humour et suscite la créativité, dans la mesure où il faut sortir du cadre contraignant pour trouver une solution à un problème apparemment insoluble (Bateson, 1972). C'est dans cette optique qu'elle est employée en psychothérapie, avec des techniques telles que prescrire le symptôme, redéfinir la situation ("reframing"), etc. Selvini-Palazzoli et ses collaborateurs (1978) l'emploient avec succès dans le traitement familial des schizophrènes. C'est également une des approches privilégiées en thérapie de courte durée.

Bateson (1972) reconnaît toutefois que la théorie de la double contrainte a été formulée trop tôt et qu'elle contenait alors de nombreuses erreurs, dont la moindre n'est pas le problème de la réification: "Nous y traitions de la double-contrainte comme s'il s'agissait d'une chose et comme si une telle chose pouvait être comptabilisée. C'était là, évidemment, pure absurdité (...) Ce que j'enregistre dans mon esprit n'est pas une double contrainte, mais seulement la perception ou la transformation d'une double contrainte" (p. 43). Il s'agit donc d'une construction hypothétique, élaborée à partir de l'observation de séquences récurrentes dans un processus, que l'on classe dans une catégorie. C'est pourquoi il est essentiel de ne pas perdre de vue le contexte dans lequel s'inscrit la double contrainte:

> L'élément nouveau venait de l'hypothèse qu'à l'intérieur d'un contexte défini, un schème de communication contenant une rupture entre types

> logiques était essentiel au développement subsé-
> quent de certains types de pathologies (...) Ce
> qui n'a pas suffisamment été mis en évidence est
> la nécessaire interrelation des différentes con-
> tingences et composantes et l'irréductibilité de
> l'ensemble. (Sluzki et Ransom, 1976, p. 161)

Il n'en reste pas moins que la théorie de la double contrainte a jeté un éclairage nouveau sur la communication humaine, ainsi que le souligne Weakland (1974). Elle a notamment attiré l'attention sur l'interdépendance entre communication et comportement social. Elle a également mis l'accent sur son aspect systémique et sur l'importance du contexte. Toutefois, devant la difficulté de localiser les doubles contraintes dans une interaction véritable, Wynne (1978) trouve plus opérationnel d'étudier les déviations de la communication, plus simples à définir et à identifier.

2 - Caractéristiques de la communication

Il n'est pas aisé de dépouiller l'abondante littérature consacrée à la communication humaine. Articles théoriques, considérations cliniques et recherches empiriques
s'y mêlent en effet plus ou moins harmonieusement et arrivent parfois à des résultats si pas contradictoires du
moins difficiles à interpréter. Loin de nous donc la pré-
tention de présenter un relevé exhaustif de la question;
nous ne retiendrons que les aspects les plus souvent abordés et qui débouchent sur un large consensus.

2.1 Types de communication

Les auteurs considérant généralement deux types de
communication. La communication instrumentale réfère à

l'adaptation de la famille au monde extérieur et au maintien de son équilibre interne. Elle porte sur des problèmes précis (finances, santé, ménage...), nécessitant organisation et planification. La communication affective concerne les relations d'intégration entre les membres et l'expression des affects, aussi bien positifs (bien-être) que négatifs (sentiments d'urgence) (Chagoya et Gutman, 1971).

C'est souvent cette dernière qui est perturbée d'abord par la pathologie familiale. Il semble y avoir alors incapacité à exprimer des sentiments positifs; les parents se dévalorisent mutuellement et manifestent beaucoup d'hostilité envers l'enfant-problème. Les expressions de désaccord peuvent être parfois si intenses qu'elles visent plus à détruire l'autre qu'à lui présenter une opinion divergente. Satir (1964, 1972) attribue ce fait à la faible estime de soi des membres de la famille. Lidz et ses collaborateurs (1957) utilisent le terme de "relations schismatiques" pour décrire le climat de conflit qui règne dans la famille de schizophrène, malgré les tentatives visant à camoufler la chose. D'autres familles, par contre, sont incapables d'exprimer de la colère ou de la tristesse ou inhibent toute communication émotionnelle: c'est le cas notamment des familles dépressives (Luthman et Kirschenbaum, 1975).

Dans les familles très perturbées, la communication instrumentale est elle-même affectée. Ces familles se révèlent incapables de discuter de leurs problèmes de façon efficace; elles posent plus de questions qu'elles n'apportent de réponses, se centrent difficilement sur la tâche à accomplir et manquent de structuration dans la discussion (Singer et Wynne, 1965; Winter et Ferreira, 1967, 1970).

C'est très souvent le patient identifié[2] qui est la cible des propos familiaux, surtout s'il s'agit d'un enfant, ce qui renseigne d'ailleurs sur la dynamique familiale (Minuchin, 1974; Zuk, 1971). Les thèmes abordés portent surtout sur la socialisation et le contrôle du comportement ou sur l'interprétation des états internes des membres (Lennard et Bernstein, 1969). Les mères de schizophrène ont notamment tendance à nier toute vie émotionnelle propre à leur enfant et prétendent mieux savoir que lui ce qu'il ressent ou pense (Bowen, 1960; Lidz, 1963).

2.2 Direction des messages

Epstein et Westley (1959) soulignent l'importance pour les membres de la famille de pouvoir communiquer les uns avec les autres, en toute liberté et disponibilité. Les données cliniques montrent que ce n'est pas le cas dans les familles perturbées, où se forment des coalitions. Il semble plus aisé de parler à certains membres plutôt qu'à d'autres, notamment à ceux qui détiennent le "pouvoir" aux yeux de la famille (Bowen, 1960; Haley, 1967). Les messages peuvent également être déplacés et s'adresser à un autre interlocuteur que la personne visée: c'est le cas du père de famille qui, ayant eu une altercation avec son patron, donne une gifle en rentrant à son fils, parce qu'il fait trop de bruit en jouant. De la même manière, les enfants peuvent parfois faire les frais d'une mésentente conjugale pas toujours explicite.

---

2. Dans une optique systémique, le membre de la famille que l'on amène en consultation n'est que le symptôme du dysfonctionnement familial. C'est pourquoi on l'appelle le "patient identifié".

Dans les familles "normales", les parents parlent généralement plus que les enfants. Les familles perturbées
se caractérisent par un manque de structure dans les commu-
nications et par plus de rigidité dans la séquence: l'ordre des interlocuteurs est souvent le même (Haley, 1964;
Lennard et Bernstein, 1969; Winter et Ferreira, 1967).

2.3 Clarté de la communication

Dimension importante, le manque de clarté dans la communication peut affecter le développement cognitif et affectif des individus et contribuer à l'établissement de relations difficiles à l'intérieur de la famille. Obligés de
communiquer, mais peu désireux de faire part de leurs véritables sentiments ou opinions, - ce qui les obligerait à
s'impliquer davantage -, les individus des familles perturbées emploient toutes sortes de stratégies pour masquer
ceux-ci (Watzlawick, 1966). Certains ont de plus la con-
viction qu'une communication franche et directe n'aiderait
pas à régler le problème (Bell et Vogel, 1960). D'autres
enfin craignent de perdre l'amour des autres s'ils expri-
ment ce qu'ils ressentent vraiment. Les messages ainsi
masqués ont donc une fonction homéostatique.

Chauvin (1980) propose de regrouper les indices de
masquage en quatre catégories:
1 - les stratégies de camouflage: faux messages, anecdo-
tes, euphémismes, messages non verbaux, formes indirec-
tes d'expression de désaccord (sarcasmes, disqualifica-
tions, évaluations négatives...);
2 - les modifications et déformations: prononciation in-
correcte, lapsus, erreurs grammaticales, modifications
ou utilisations inadéquates de mots ou de phrases, jeux
de mots, rimes...;

3 - les imprécisions: remarques brèves, termes globaux ou
   vagues...;

4 - l'inaccessibilité du sens: emploi d'une langue étran-
   gère, termes techniques ou théoriques, idées complexes...

   Combinant les aspects direction et clarté des messages, Chagoya et Guttman (1971) notent qu'il y a par exemple
quatre façons différentes pour un mari d'exprimer sa colère
à sa femme:

- Claire et directe: "Je suis fâché contre toi", en s'a-
  dressant à l'épouse;

- Masquée et directe: "Je n'aime pas la façon dont tu te
  coiffes", en s'adressant à l'épouse;

- Claire et déplacée: "Je suis fâché contre toi", en s'a-
  dressant à l'enfant qui essaye de faire digression;

- Masquée et déplacée: "Les femmes sont tellement pares-
  seuses", en s'adressant à la fille au lieu de l'épouse.

   À noter cependant que le masquage de la communication
ne constitue pas nécessairement un indice pathologique; il
peut servir à atténuer des vérités pénibles à accepter ou
même à les relativiser: exprimer son désaccord par une remarque humoristique est certainement plus facile à accepter
pour celui qui est visé. Il en va de même pour les frag-
mentations du discours: pauses, rires, phrases incomplè-
tes, répétitions, changements de sujet, etc. Elles peuvent
bien sûrs refléter l'anxiété, le conflit ou la désorganisation (Singer et Wynne, 1965), mais elles sont parfois nécessaires pour assurer une certaine flexibilité aux interactions (Mishler et Waxler, 1968; Luthman, 1975).

3 - Conclusion

Riskin et Faunce (1977) tentent d'étudier la communication familiale de façon globale. Ils combinent les variables suivantes: clarté, continuité du contenu, engagement mutuel, accord et désaccord, intensité des affects,
qualité de la relation, direction des messages et interrup-
tions. Les auteurs arrivent ainsi à une classification des
familles en cinq groupes, en fonction de l'interaction affective et de la prédominance d'un climat type:

1° Les familles à problèmes multiples: les messages sont
peu clairs, il y a de nombreux changements de sujet,
beaucoup d'intrusion et peu d'écoute des autres. Les
désaccords sont plus nombreux que les accords, l'atmosphère est hostile et le support mutuel quasiment
absent. L'interaction parents-enfants y est minimale.

2° Les familles bloquées: les messages sont d'une clarté
compulsive, tout en changeant fréquemment de sujet.
Il y a peu d'engagement spontané et d'expression d'accord ou de désaccord. L'atmosphère y est hostile et
dépressive; les parents critiquent leurs enfants mais
se soutiennent mutuellement.

3° Les familles avec un patient identifié: l'atmosphère
y est peu animée, déprimante, conflictuelle et sans
esprit de coopération. Le discours manque de clarté,
à cause surtout du caractère décousu des propos. Il
y a beaucoup de manifestations d'intolérance.

4° Les familles au diagnostic problématique: on y soup-
çonne des difficultés significatives mais non étique-
tées. Même si aucun résultat n'est significatif, on
ne peut cependant les classer dans le groupe suivant.

5° Les familles normales: la communication y est relativement claire, elles ont le sens de l'humour, s'expri-
ment avec spontanéité et rient sans contrainte. Elles

74

échangent beaucoup d'information et sont capables de
coopérer tout en respectant les différences. L'expression des affects y est permise et même valorisée.
Les membres s'épaulent mutuellement.

Tout ces travaux sur la communication ramènent finalement au problème de l'intentionnalité. Lavoie (1983) fait
remarquer que cette question est au coeur des discussions
les plus récentes, tout en se prêtant peu à la vérification
expérimentale. Il est difficile de déterminer en effet si
un sujet simule ou non:

> C'est là son secret, sa marge personnelle de ma-
> noeuvre, au fond, sa liberté. Ce qu'il est im-
> portant de reconnaître, c'est qu'il aurait pu,
> qu'il a pu, qu'il pourrait le faire: c'est la
> possibilité de la feinte qui témoigne à coup sûr
> de l'intention et dont Lacan a voulu faire la ca-
> ractéristique essentielle du rapport authentique-
> ment intersubjectif. (Lavoie, 1983, p. 32)

Ce qui importe en définitive, c'est le sens que les
divers participants donnent à l'interaction, sens pas toujours facile à décoder et sur lequel ils ne s'entendent pas
nécessairement. Un minimum de consensus est indispensable
pour pouvoir communiquer efficacement; c'est quand ce consensus n'existe pas - ou plus - que la pathologie s'installe, ce qui nous ramène à notre interrogation du début et
explique peut-être les résultats contradictoires des recherches.

Chapitre IV
Règles

Comme nous l'avons vu précédemment, il est impossible
de ne pas communiquer et tout message comporte un message,
indiquant comment l'interpréter. Les partenaires définissent de la sorte leur relation. Lorsque les interactions
se répètent dans le temps et deviennent significatives pour
chacun, elles finissent par adopter, selon un accord plus
ou moins tacite, un certain pattern, qui remplit une fonction économique: chacun sait à quoi s'attendre de l'autre
et comment réagir, ce qui fait gagner du temps. Ainsi s'é-
tablissent les règles de la relation. Pour Jackson (1965),
la famille est un système régi par des règles, règles qui
s'installent très tôt, dès le début de la relation. Ainsi,
un jeune homme qui arrive en retard à son premier rendez-
vous et apporte des fleurs pour se faire excuser par son
amie; celle-ci, au lieu de manifester son mécontentement,
se montre au contraire ravie du présent. Pour peu que
cette situation se répète plusieurs fois, car le jeune
homme n'est pas capable d'arriver à temps et la jeune fille
a trop peur de le perdre pour lui en faire reproche; pour
peu aussi que la relation devienne significative pour chacun, il s'établit une sorte de règle où "X est toujours en
retard mais Y ne peut l'en blâmer, s'il apporte un cadeau
en guise d'excuse". Tant que les deux partenaires s'entendent, au moins tacitement, sur la règle, il n'y a pas de
problème. Celui-ci éclatera éventuellement au moment où
Y en aura assez de toujours attendre ou au moment où X
trouvera fatigant de toujours apporter un cadeau... Nous

examinerons donc ces règles qui gouvernent la vie familiale, nous attachant plus particulièrement ensuite à deux
cas particuliers, les secrets et les mythes.

1 - Règles

Pour qu'un système conserve une certaine stabilité,
il faut qu'il y ait un processus directeur à l'oeuvre qui
en détermine les limites de variabilité. Les règles fonc-
tionnent donc de façon à prescrire et limiter les comportements des individus dans une variété de contextes différents; même si, à l'intérieur de la famille, il existe
théoriquement une série de comportements individuels possibles, dès qu'il s'agit des relations, il est nécessaire
d'instituer des normes qui les dirigent. En fait, celles-
ci ne sont pas nombreuses et rarement explicites; elles
sont même le plus souvent inconscientes et dégagées par un
observateur attentif, à partir d'une séquence répétitive
d'interactions. Il s'agit donc encore une fois d'inférences, d'abstractions, de métaphores, qui rendent compte des
régularités observées (Haley, 1962; Jackson, 1965). Chaque
système familial possède ainsi un ensemble de règles qui
lui sont propres et dont il n'est pas nécessairement conscient.

Même si ces normes sont idiosyncratiques, il est cependant possible d'en dégager certaines caractéristiques
générales. Ford et Herrick (1974) proposent les suivantes:
1° Elles sont rarement explicites: lorsqu'elles le de-
    viennent, elles perdent d'ailleurs de leur force con-
    traignante. Il ne s'agit donc pas de principes de
    fonctionnement en groupe, déterminant par exemple
    l'heure des repas ou le rythme des sorties, mais

plutôt des prescriptions non dites mais que tous reconnaissent plus ou moins tacitement, du type: "Il
faut toujours être de bonne humeur" ou "Il ne faut pas
faire de peine à Maman";

2° Elles sont répétitives et redondantes: au départ,
elles ne constituent souvent que de simples commentaires sur le comportement d'autrui ("Tu es en retard,
mais cela me fait plaisir que tu apportes des fleurs"),
mais à la longue, en se répétant, ces commentaires finissent par avoir force de loi et deviennent de véritables injonctions qui se communiquent à toute la famille ("Quand on est en retard, il faut apporter un
cadeau");

3° Elles ont elles-mêmes tous les attributs d'un système:
elles sont en effet composées de règles de différents
niveaux et de différentes sortes: "Il n'y a pas seulement des règles, mais des règles sur comment faire
des règles et des règles sur comment ne pas suivre la
règle!" (Haley, 1962, p. 279). Ford (1983) en fait
même de véritables familles invisibles, composées de
cinq membres:

- la règle elle-même;

- la contre-règle, qui constitue un complément à la
  première et l'affecte à un certain moment: ainsi, à
  force d'être remercié en recevant un cadeau en cas
  de retard, l'autre finira par croire qu'il ne peut
  faire plaisir que de cette façon et que par conséquent il doit être en retard;

- la règle déterminant les circonstances et les excep-
  tions;

- la règle prescrivant comment se conformer;

- et la règle édictant les conséquences si on ne le
  fait pas.

Il existe en effet des sanctions, positives et négatives, au cas où les règles sont respectées ou brisées, qui ont pour effet de les renforcer. Ces règles permettent donc aux membres du système une certaine prédiction quant à l'interaction, qu'elles limitent et contrôlent. Elles remplissent de la sorte une fonction homéostatique et préviennent la désintégration, la fragmentation ou la fusion (Ford, 1983).

Certaines règles peuvent être si contraignantes qu'elles deviennent un véritable style de vie familiale, avec une devise générale et des principes l'explicitant. Ford et Herrick (1974) en proposent quelques-uns, exemples à l'appui:

- "Les enfants d'abord": il s'agit souvent de familles où les enfants se sentent délaissés et font donc tout ce qu'ils peuvent pour attirer l'attention. Les parents peuvent se sentir coupables de négliger leurs enfants, soit qu'un des deux soit déprimé soit qu'il soit trop engagé professionnellement; ils n'osent donc pas rétablir la discipline, ce qui amène la confusion et des sous-règles du type: "N'écoute pas les autres; ne cherche pas à comprendre ce qui se passe; interromps les conversations; etc."

- "Tous pour un, un pour tous": dans ces familles, c'est le monde extérieur qui est l'ennemi et il convient de faire front commun, ce qui amène des principes tels que: "Il faut masquer nos divergences; il ne faut pas discuter l'avis du chef; etc."

- "À chacun son tour...": ce style de vie se retrouve dans des systèmes où il n'y a pas vraiment de partage mais où chacun fait ce qu'il doit à tour de rôle, ce qui empêche

toute communication réciproque: "Fais ce que dois; main-
tiens ton autonomie à tout prix; ne dis pas ce que tu
penses réellement; etc."

- "Chacun pour soi": cette maxime se retrouve dans des
familles où l'individualisme est de règle et où l'on se
soucie peu des autres: "Ne pose pas de questions; n'é-
coute pas ce que disent les autres; ne sois jamais d'accord, etc."

Richter (1970) décrit pour sa part des familles carac-
térielles, dont la vie repose et se concentre sur un thème
commun, telles la famille angoissée ("Sanatorium"), la famille paranoïde ("Forteresse") ou la famille hystérique
("Théâtre"). La famille atteinte de névrose d'angoisse se
fabrique un monde clos rappelant une maison de repos. Une
de ses règles pourrait être: "Pour vivre heureux, vivons
cachés." La famille paraît vivre dans l'harmonie la plus
parfaite, mais toute forme d'autonomie y est source d'angoisse car il est impossible d'exister seul. Les enfants
deviennent donc des êtres hypocondriaques et fragiles, incapables de faire face aux conflits infrafamiliaux.

La famille paranoïde prend pour cible le monde extérieur et y déverse l'agressivité qu'elle n'ose exprimer en
son sein. Elle défend ses idées avec exaltation et achar-
nement, comme s'il s'agissait d'une véritable idéologie.
"Les autres sont des minables, c'est nous qui avons raison", ou encore: "La sexualité est la source de tous les
maux." Ce type de familles est souvent en procès avec son
entourage et porté à soutenir des causes extrêmes.

Dans la famille hystérique, les membres se jouent la
comédie entre eux ou forment un ensemble en représentation

devant les autres. Ils vivent dans un monde d'illusions, qui, lorsqu'elles s'écroulent, engendrent le vide et la dépression. La famille gravite souvent autour d'un personnage central, dont la disparition peut menacer l'équilibre du groupe: "Grandeur et décadence". Des dangers extérieurs peuvent également la perturber, par la perte du public habituel, notamment en cas de déménagement: "Quand le rideau tombe...". Ces familles ont tendance à se regrouper et à trouver le reste du monde ennuyeux et peu stimulant.

Toute famille obéit en fait plus ou moins consciemment à des règles, qui sont nécessaires à son économie et à sa stabilité. C'est lorsqu'elles sont niées ou qu'elles deviennent trop contraignantes que la pathologie s'installe. Elles peuvent alors peser lourd dans l'histoire familiale, comme le montrent les secrets et les mythes.

2 - Secrets

> Un secret est un élément d'information non transmis, que l'on s'efforce, consciemment, volontairement, de cacher à autrui, en évitant d'en communiquer le contenu, que ce soit sur le mode digital ou analogique. (Ausloos, 1980b, p. 64)

Selon Karpel (1980), il existe des secrets individuels: une personne cache quelque chose à une autre ou au reste de la famille; des secrets internes à la famille: deux personnes au moins cachent quelque chose à au moins une autre; et des secrets familiaux: la famille entière cache quelque chose au monde extérieur. À noter que tout secret n'est pas nécessairement mauvais; certains renforcent les frontières intergénérationnelles, sexuelles et personnelles, et contribuent au développement harmonieux de l'enfant. Ils peuvent aider à promouvoir l'autonomie et,

en accentuant les liens de loyauté et d'affection entre les
enfants, ils les préparent aux relations avec les pairs
(Evans, 1976). Grolnick (1983) note qu'il s'agit plus souvent de faits que de pensées et sentiments et en propose la
classification suivante, d'après leur contenu:

1° Événements:

- en relation avec la naissance: avortement, naissance
  illégitime;

- en relation avec le sexe: liaison extra-conjugale,
  inceste, viol, homosexualité;

- en relation avec l'argent: revenu caché, héritage,
  affaires, travail au noir;

- en relation avec la délinquance: sentence passée,
  irrégularités.

2° Faits personnels:

- biologiques: troubles physiologiques (réversibles),
  tels que dysfonction
  sexuelle, stérilité; troubles organiques (irréversi-
  bles), telle qu'une maladie chronique;

- fonctionnels: troubles du comportement: phobie,
  rituels, perversions sexuelles; pensées, attitudes:
  fantasmes, croyance ou intérêt simulés; émotions:
  amour, haine...

Ausloos (1980b) fait remarquer que ces secrets ont
très souvent pour origine la honte ou la culpabilité, car
ils contiennent un risque de blessure narcissique, de déva-
lorisation, d'atteinte à l'image de soi ou à l'image de la
famille: "Un secret est mis en place lorsqu'une loi, dite
ou non dite, a été, est ou menace d'être transgressée" (p.
66). Assez paradoxalement s'instaure alors une règle qui à
la fois interdit de savoir - le contenu du secret - et de
ne pas savoir - qu'il y a secret -.

82

Le secret exerce donc une fonction homéostatique, en renforçant les frontières et les alliances dans la famille (Karpel, 1980), ce qui, comme nous l'avons déjà mentionné, n'est pas nécessairement négatif. Mais il risque par le fait même d'entraîner des conflits de loyauté pour celui qui en est le dépositaire: en n'en révélant pas la teneur aux autres, il se montre en quelque sorte déloyal envers ces derniers. Ce "savoir" implique un certain "pouvoir", mais qui reste fragile, car il y a toujours risque de révélation accidentelle. Il devient dès lors nécessaire d'ajouter une règle pour éviter cette divulgation (Ausloos, 1980b). Si un enfant est le partenaire d'un secret, il peut en ressentir de l'anxiété et de la culpabilité; s'il en est par contre tenu à l'écart, il peut devenir anxieux et frustré, car il sent bien qu'on lui cache quelque chose, à travers les silences, les évitements, etc. (Jacobs, 1980).

En général, le secret est destiné à protéger la fragilité d'une personne ou de la famille (Evans, 1976). Karpel (1980) se demande cependant qui est réellement protégé et de quoi; n'est-ce pas en fin de compte celui qui garde le secret qui évite ainsi la responsabilité personnelle face à ses propres actions? Plusieurs conséquences néfastes découlent en effet du maintien non justifié d'un secret:

- sur le plan de l'information: déception, distorsion et mystification;
- sur le plan émotionnel: anxiété, confusion, sentiments négatifs, honte, culpabilité;
- sur le plan relationnel: pseudo-alliances;
- sur le plan éthique: mensonge;
- sur le plan pratique: danger d'une révélation brusque inattendue.

Même si à l'origine le secret était bien délimité, il finit par contaminer toutes les relations à l'intérieur de la famille et à l'extérieur aussi: Ausloos (1980c) parle de l'installation d'une aire de stagnation relationnelle. Au départ conscients et volontaires, les secrets, par les règles qu'ils nécessitent, induisent des comportements chez les membres de la famille, qui tendent à se perpétuer dans le temps et peuvent même affecter les descendants, qui n'en comprennent bien sûr plus les raisons: la vendetta corse en est un exemple typique, de même que l'histoire de Roméo et Juliette. Puisque ces comportements n'ont plus de sens, leurs effets apparaissent dès lors comme les effets du destin. Ausloos (1980c) effectue dans cette optique une intéressante analyse de la tragédie d'Œdipe, envisagée sous l'angle des secrets de famille, en montrant comment ils finissent par tisser son destin. Deux secrets se révèlent importants pour la suite de l'histoire: la décision prise par Laios et Jocaste d'éliminer Œdipe, après avoir entendu l'oracle, et la non-révélation à ce dernier par Polybe, roi de Corinthe, de son adoption. Œdipe, ignorant ses origines réelles, s'enfuit de Corinthe pour ne pas tuer celui qu'il croit son père et finit par tuer celui dont il ignore être le fils, ce qui constitue l'origine de tout le drame. Ces secrets, prescrits de génération en génération, finissent donc par devenir de véritables mythes, qui peuvent avoir un impact profond sur l'économie psychologique individuelle des membres de la famille (Jacobs, 1980; Pincus et Dare, 1978).

3 - Mythes

Selon Byng-Hall (1973), le terme "mythe" peut revêtir différentes significations: croyances familiales, credo,

attentes de rôles ou collusion défensive... "L'usage riche
et varié du terme lui permet de rendre compte de plusieurs
aspects du phénomène clinique: sa composante légendaire
ou historique, le support qu'il apporte par les explica-
tions qu'il propose, mais aussi ses retombées négatives du
fait qu'il s'agit d'une croyance fausse" (p. 249). Le mythe familial exprime les convictions partagées par chacun
au sujet des relations et des rôles au sein de la famille;
il contribue à l'image intériorisée du groupe, image que
tous cherchent apparemment à préserver, à l'aide de règles
masquées sous les habitudes et les clichés familiaux. Ces
règles concernent notamment les rôles que les membres de
la famille doivent adopter et qu'ils acceptent d'ailleurs,
mais en les déformant (Ferreira, 1963, 1966):

> La mythologie familiale représente un ensemble de
> croyances que la famille entretient sur elle-même
> et sur ses membres, ensemble qui a une certaine
> stabilité du fait d'avoir été répétitivement con-
> firmé par le consensus familial au fil des ans.
> (Byng-Hall, 1973, p. 244)

Le mythe représente un compromis, qui ménage les dé-
fenses de chaque individu. Il favorise en effet un accord
implicite automatique sur certains points, tenant lieu de
plan d'action et exemptant de toute réflexion critique à
son sujet: il remplit de ce fait une fonction économique
et homéostatique, dans la mesure où chacun y trouve au
moins le support minimal dont il a besoin (Byng-Hall, 1973).
Stierlin (1973) note qu'il a aussi une fonction défensive
dans la famille, car il sert à nier ou à masquer une réalité pénible; il agit également comme une protection vis-à-
vis de l'extérieur, un peu comme un écran de fumée.

Selon Ferreira (1963, 1966), les mythes familiaux
tournent autour d'un ou deux grands thèmes, relatifs au

bonheur ou au malheur de l'ensemble de la famille ou d'un individu en particulier. Ils prennent souvent naissance dans les tout débuts de la relation; certains semblent même transmis de génération en génération. Byng-Hall (1973) ajoute que ces thèmes, reconnus et acceptés par tous, en cachent souvent un autre diamétralement opposé, rejeté de la scène familiale. C'est dans cette optique que Stierlin (1973) décrit trois mythes familiaux:

1° Le mythe de l'harmonie familiale: ce mythe trace un portrait idyllique d'une famille unie et heureuse, alors qu'un observateur attentif note souvent le contraire, et ce dès le premier contact. On retrouve ici la notion de pseudo-mutualité de Wynne (1958), dont il a déjà été question: structure de rôles persistante en dépit des changements personnels et collectifs, insistance sur le caractère désirable et approprié de cette structure, rejet de toute possibilité de divergence ou d'indépendance, absence de spontanéité et d'humour dans les relations... Chacun réécrit l'histoire familiale, en déniant la réalité et en idéalisant la famille.

2° Le mythe du rachat: un individu est perçu comme celui qui (ap)porte le malheur, la misère ou le caractère mauvais de la famille. Il doit donc se racheter et, par là-même, racheter la famille; il devient le bouc-émissaire, "ce pelé, ce galeux d'où provient tout leur mal", (en reprenant La Fontaine!). Cet individu ne doit pas nécessairement faire partie de la famille et peut même, véritable figure mythique, être absent ou mort. Contrairement au premier, dans ce mythe-ci, le dysfonctionnement familial est reconnu mais la faute en est attribuée à quelqu'un, par le mécanisme d'identification projective. Ainsi en est-il d'une famille de trois (père, mère, fillette) qui décide d'adopter un garçon victime de sévices. Ce dernier se révèle plus difficile à élever que prévu et ne donne guère satisfaction à ses parents adoptifs, tandis que la petite fille réussit tout ce qu'elle entreprend. Le garçon devient vite celui qui ne répond pas aux attentes, la cause de tous les maux de la famille. Les parents établissent un consensus à ce sujet, retardant les formalités d'adoption et masquant ainsi les profonds désaccords qui les séparent.

3° Le mythe du salut: ce mythe prolonge le précédent, en statuant que les injustices et les conflits peuvent être évités par l'intervention de quelqu'un de fort, si pas tout-puissant, qu'il s'agisse d'une personne ou d'un organisme. Les familles partageant ce mythe sont bien connues des agences sociales et des thérapeutes, car elles passent de l'un à l'autre sans jamais chercher la solution en elles-mêmes. C'est le cas de la famille précédente, qui s'adresse à différentes instances et personnes pour résoudre le problème. Quand le service social décide enfin de lui enlever l'enfant, la hargne se tourne vers ce service, qui devient à son tour le bouc-émissaire.

Luthman et Kirschenbaum (1975) décrivent de leur côté le mythe de la survie familiale, qui repose sur l'illusion qu'entretiennent les membres de la famille qu'ils doivent maintenir à tout prix leurs systèmes habituels de relation afin de survivre psychologiquement. Les auteurs décrivent trois types de famille, suivant les règles qu'elles emploient pour maintenir le mythe:

1° La famille répressive, où la survie dépend du refoulement de l'agressivité orale. Il existe des règles

manifestes, qui sont dites mais jamais vraiment impo-
sées, la règle tacite et cachée voulant que chacun
éprouve les mêmes sentiments au sujet de tout.

2° La famille délinquante, où la fonction du patient
identifié, souvent l'enfant, est d'agir les pulsions
agressives de l'un des parents et de détourner sur lui
les impulsions punitives de l'autre. Les règles sont
discutées ouvertement, mais on n'arrive jamais à s'entendre sur leur définition ou leur mise en application. La règle qui domine, bien qu'elle soit cachée,
est de n'avoir aucune règle.

3° La famille suicidaire, où personne ne peut faire quoi
que ce soit seul; aucun membre n'est complet sans les
autres et la famille ne peut donc survivre si l'un des
membres la quitte. Il n'y a pas de règles manifestes,
mais la règle tacite veut qu'il soit impossible de se
tromper sans paraître méchant, malade ou idiot aux
yeux des autres, tout acte ayant des répercussions sur
autrui.

Stierlin (1974) fait remarquer que, si les mythes familiaux ont pour fonction de défendre la famille aux yeux
du monde extérieur en cachant la honte et la culpabilité,
en contrepartie ils empêchent également ce monde extérieur
de lui porter secours en faisant disparaître ou en allé-
geant sa peine. De plus, ils ne permettent pas de mettre
en évidence les liens de culpabilité et de les travailler
avec la famille, car ils donnent une signification cognitive, émotionnelle et éthique au comportement familial.

Les mythes familiaux ne sont cependant pas tous nécessairement pathologiques. Ainsi que le note Ferreira (1967):
"Un certain degré de mythologie peut être indispensable à

l'économie d'une vie familiale sans heurt. Le respect de principes familiaux, de traditions, de valeurs et de rites pointe certainement dans cette direction" (p. 195). C'est une opinion que partage Eiguer (1983), pour qui le mythe n'est pas une défense, mais le produit de l'interfantasmatisation des membres, qui traduit les règles de conduite du groupe. Ils acquièrent une fonction défensive quand ils confirment et renforcent les malentendus, les soupçons, les interprétations abusives, en leur donnant un soutien idéologique.

Chapitre V
Rôles

S'il est un concept fort utilisé mais difficile à définir, c'est bien celui de "rôle". Dans le cadre familial,
la complexité s'accroît du fait qu'il existe des rôles socialement déterminés et d'autres créés par la famille elle-
même (ou rôles idiosyncratiques). Les auteurs s'entendent
toutefois pour dire que, dans l'un et l'autre cas, il s'a-
git d'un ensemble de comportements attendus, permis et in-
terdits, pour une personne déterminée. Dans les lignes qui
suivent, nous considérerons donc successivement les deux
types de rôle.

1 - Rôles socialement déterminés

1.1 Théories

Un rôle familial est déterminé socialement en tenant
compte du statut légal, de l'âge et du sexe de la personne:
époux, épouse, père, mère, fils, fille. Ce sont les normes
culturelles qui définissent les comportements attendus de
chacun dans une variété de contextes, aussi bien à l'intérieur qu'à l'extérieur de la famille. Cronkite (1977) fait
toutefois remarquer que ces normes changent en fonction des
pressions économiques et sociales, de l'éducation, des tendances séculaires et par-dessus tout des préférences de la
personne elle-même. Ce dernier facteur est d'ailleurs le
plus important pour assurer la stabilité du rôle; les autres

exercent relativement peu d'influence, sauf ceux qui constituent des caractéristiques permanentes de l'individu,
comme l'origine ethnique et l'éducation.

Waxler et Mishler (1968) appliquent la théorie des rôles de Bales et Parsons à la famille. On sait que ces auteurs fonctionnalistes considèrent qu'il existe deux pôles
dans la vie de tout groupe: l'instrumental et l'expressif,
qui sont nécessaires à son adaptation et à son intégration.
À ces deux pôles correspondent des rôles déterminés, complémentaires mais difficiles à remplir simultanément par
une seule et même personne. Dans une famille, en fonction
des caractéristiques sexuelles, on s'attend à ce que le
père tienne le rôle instrumental (finances, autorité, bri-
colage...) et la mère le rôle expressif (bien-être, affection, expression des sentiments...). Il n'existe cependant
aucune vérification expérimentale de cette hypothèse, basée
sur une conception traditionnelle et stéréotypée des différences sexuelles, hypothèse fort contestée à l'heure actuelle. Les fonctionnalistes ont tendance à confondre complémentarité et réciprocité (Szinovacz, 1984).

Comme chaque famille remplit ces rôles sociaux de façon propre, il n'y en a pas deux qui soient comparables, ce
qui rend difficile toute mesure. Zelditch (1964) met en
évidence la complexité du phénomène; en s'en tenant seulement aux rôles conjugaux et en simplifiant à outrance, il
en arrive à huit structures familiales possibles: famille
de compagnons avec dominance du mari; famille syncratique
sans dominance de l'un sur l'autre; famille de compagnons
avec dominance de la femme; famille patriarcale, où le père
détient seul l'autorité; famille aux rôles interchangeables;
famille matriarcale, où la mère détient seule l'autorité;
famille de collègues; et famille où chacun est autonome.

Blood et Wolfe (1960) développent de leur côté une théorie des rôles conjugaux basée sur le pouvoir, défini comme la capacité d'induire un changement chez l'autre, en fonction de ses propres besoins et des ressources de l'autre. Ces auteurs mettent donc l'accent sur l'échange plutôt que sur la définition culturelle des rôles familiaux. Ils s'attendent à ce que, dans des situations traditionnelles, les femmes échangent les services domestiques, les rapports sexuels et l'éducation des enfants contre le support économique et la protection de leur mari. Lorsqu'elles ont accès au marché du travail et à d'autres ressources reconnues socialement, leur position de pouvoir envers leur mari s'améliore. Szinovacz (1984) se demande cependant si le travail de la femme à l'extérieur est une condition suffisante pour parler d'égalité: il ne faut pas confondre participation au marché du travail et indépendance financière et personnelle.

Dans une revue de la littérature sur le sujet, cet auteur remarque en effet une grande divergence entre les attitudes et les comportements concernant la division des rôles. Dans les vingt dernières années, l'accès de la femme au marché du travail est devenu une possibilité acceptée, toutefois, cette participation demeure optionnelle et volontaire, même si elle se révèle nécessaire économiquement. Le travail de la femme est davantage considéré comme un appoint que comme une responsabilité partagée. Bien qu'il y ait quelque progrès, l'entretien du ménage et le soin des enfants restent majoritairement du ressort de la mère, tandis que les maris s'occupent encore davantage des réparations et de l'automobile. Cette division des tâches se retrouve également chez les enfants. C'est encore le père qui détient l'autorité familiale, mais l'on s'attend à ce qu'il tienne compte des besoins et des désirs des autres membres.

1.2 Conflits de rôles

Selon Ryckoff et ses collaborateurs (1959), les attentes respectives et réciproques des membres d'une famille les uns envers les autres s'organisent peu à peu de façon à former une conception de la famille partagée par tous; cette conception peut être éprouvée comme une force contraignante et agir sur les individus de sorte à les confirmer et à les fixer dans leurs rôles. Lorsqu'un membre ne répond plus aux attentes des autres, le conflit éclate car la complémentarité est menacée. Spiegel (1960) donne cinq causes possibles de mésentente:

1° la divergence cognitive: celle-ci surgit lorsque le membre qui est censé assumer le rôle ne sait pas trop comment le remplir, ne l'ayant jamais appris: une jeune mère face à son bébé par exemple;

2° la divergence quant aux buts à atteindre: celle-ci peut provenir d'une incapacité physique (fatigue, maladie, immaturité...) rendant impossible l'atteinte du but, ou d'une motivation différente quant à la définition même du but désirable;

3° la divergence quant à la modalité d'attribution des rôles: ces derniers peuvent en effet être biologiquement déterminés (homme/femme par exemple), atteints par apprentissage (profession...), adoptés (la fille aînée qui remplace sa mère quand celle-ci est malade...), ou joués (des enfants qui jouent au papa et à la maman...). La divergence peut être d'origine culturelle, provenir d'une modalité d'attribution inappropriée, d'un défaut de précision quant à la modalité employée ou d'une intention délibérée de tromper l'autre. Il s'ensuit une situation ambiguë, propice aux interprétations et aux projections d'intention;

4° <u>la divergence instrumentale</u>: l'individu n'a pas les moyens - financiers, physiques, matériels... - de répondre aux attentes des autres;

5° <u>la divergence culturelle</u>: comme dans les mariages mixtes, l'immigration, le déménagement...

Lorsque le conflit éclate, le déséquilibre s'installe. La famille ou un de ses membres va employer diverses stratégies pour restaurer l'équilibre. Spiegel (1960) décrit onze tactiques possibles, allant des plus coercitives aux plus coopératives, sous deux modalités: l'induction et la modification de rôles.

1 - <u>L'induction de rôle</u>: elle est basée sur une décision unilatérale et use de la manipulation. Tels sont:

1) La coercition: manipulation par la punition, actuelle ou future; l'autre peut y répondre en se soumettant, en défiant l'autorité ou en la menaçant de vengeance.

2) La séduction: manipulation par la récompense, actuelle ou promise; l'autre peut accepter, refuser ou éviter.

3) L'évaluation: catégorisation du comportement par un jugement de valeur (blâme, louange, honte, approbation, désapprobation...); l'autre peut accepter ou refuser cette évaluation.

4) Le masquage: omission volontaire d'une information pertinente ou substitution de celle-ci par une information fausse (échappatoire, censure, distorsion, mensonge...); l'autre peut évidemment démasquer l'erreur.

94

5) La remise à plus tard: dans l'espoir que, dans l'intervalle, l'autre aura réfléchi et changé d'avis; en fonction du gain espéré, ce dernier peut accepter le délai ou provoquer la crise immédiatement.

6) L'inversion des rôles: sa possibilité dépend en grande partie de l'atmosphère de clarté qui règne dans les relations familiales.

2 - La modification de rôle: elle est basée sur la prise de conscience et la communication. Tels sont:

7) L'humour: qui introduit une dimension de jeu et réduit la tension.

8) L'arbitrage: le recours à une tierce personne requiert de bien informer cette dernière, de façon à éviter toute possibilité de coalition ou de manipulation.

9) L'exploration de nouvelles solutions et de la capacité d'y arriver.

10) Le compromis: qui implique ajustement et révision des buts.

11) La consolidation: qui implique ajustement et redistribution des gains.

Conclusion

De nombreux changements sociaux ont affecté la définition des rôles familiaux, les plus manifestes étant l'accès croissant des femmes au marché du travail, le contrôle des naissances et le partage des responsabilités dans l'éducation des enfants (Hess-Biber et Williamson, 1984). Sur le plan individuel également, divers événements peuvent contribuer à la modification des rôles: naissances d'un enfant, maladie, décès et autres vicissitudes de la vie (Willi, 1984). On en vient de plus en plus à une conception mettant de l'avant la réciprocité et la mutualité dans

la répartition des tâches; c'est ce que Szinovacz (1984)
appelle "transcender les rôles sexuels". Il établit de la
sorte la distinction entre la ségrégation sexuelle des rôles et la transcendance:

- les normes sont rigides, prescrites et déterminées dans
  un cas, flexibles et négociables dans l'autre;
- la première met l'accent sur les tâches et les devoirs,
  la seconde sur l'affection et l'épanouissement personnel;
- c'est le mari qui détient l'autorité quand les rôles sont
  déterminés sexuellement, l'autorité est partagée quand
  ils sont transcendés;
- alors que ce sont les intérêts de l'homme qui dominent
  dans le premier cas, ce sont ceux de tous les membres qui
  comptent dans le deuxième;
- etc.

Pour Szinovacz, les attitudes libérales actuelles envers le travail de la femme, la liberté sexuelle et le divorce n'indiquent pas nécessairement de changement dans les
comportements correspondants:

> Elles vont plutôt dans le sens des normes socia-
> les qui mettent l'accent sur l'individualité,
> l'autonomie, l'épanouissement personnel et la
> réussite. Ces orientations contredisent direc-
> tement les valeurs de base fondamentales de la
> famille telles que la communauté, la participa-
> tion, l'intérêt mutuel et le partage (...) Le
> mouvement vers l'individualisme et l'autonomie
> n'est pas identique au mouvement vers l'égalité.
> (p. 187)

La transcendance des rôles sexuels nécessite donc des
changements au niveau des institutions et de la société
aussi bien que sur le plan individuel. Il devrait y avoir
une redéfinition constante des rôles en fonction des circonstances, du cycle de vie familiale et des possibilités

de chacun. Même si cela requiert parfois de sa part des
ajustements difficiles et une capacité de prendre du recul
par rapport aux rôles qu'il est appelé à assumer, cela permet à l'individu de prendre progressivement conscience de
lui-même dans sa relation aux autres et d'affirmer son
identité en sélectionnant, rejetant, modifiant et intégrant
les différents rôles qu'il est appelé à remplir (Ryckoff et
coll., 1959).

2 - Rôles idiosyncratiques

1.1 Définition

Dans toute famille, il existe également d'autres rôles, résultant des attentes fantasmatiques, plus ou moins
conscientes, des divers membres les uns envers les autres.
Comme ils sont spécifiques à chaque famille et déterminés
par celle-ci et non par le statut social des membres, ils
sont appelés rôles idiosyncratiques. Selon Richter (1963),
ce sont les propres besoins de chacun - le plus souvent le
conjoint ou les parents - qui créent ces rôles, pour tenter
de résoudre des conflits infantiles non liquidés. Lemaire
(1981) insiste davantage sur le caractère mutuel des bénéfices retirés de cette induction de rôle: dans cette perspective, ce sont les besoins communs à la dyade plus que
les besoins individuels qui déterminent ces rôles:

> Tout rôle, défini individuellement, trouve un
> contre-rôle en la personne d'un ou de plusieurs
> membres de la famille; ce contre-rôle fait pen-
> dant au premier et le complète: ainsi le rôle de
> "malade" suppose quelqu'un de bien-portant pour
> en prendre soin. (Ferreira, 1966, p. 86)

Karpel et Strauss (1983) notent que les rôles idiosyncratiques sont plus permanents, moins flexibles et

généralement moins conscients que les rôles sociaux. Leur
développement résulte d'un processus complexe, où inter-
viennent les interactions, les expériences intrapsychiques
individuelles et l'héritage des générations antérieures.
Ils peuvent donc être produits par identification projective (voir chapitre II). Richter (1963) parle d'un double
mécanisme: il y a d'abord transfert sur autrui (conjoint,
enfant) des attentes affectives, des angoisses, des idées
de vengeance... destinées à l'origine à quelqu'un d'autre;
ensuite la projection narcissique attribue à cet autrui des
tendances ou des traits de personnalité issus de ses propres conflits non résolus avec ce quelqu'un d'autre. C'est
ainsi par exemple qu'un enfant peut devenir le substitut
d'une figure parentale, d'un frère ou d'une soeur, du conjoint ou d'un aspect de soi-même (miroir, moi idéal ou aspect négatif).

1.2 Principaux rôles

Même si ces rôles sont joués de façon différente selon
les familles, il existe quand même certaines constantes
dans leurs caractéristiques, ce qui permet de les décrire
et de les étudier. Certains sont fort connus et ont été
abondamment illustrés, d'autres ne sont esquissés qu'à ti-
tre d'exemples de la variété infinie qui peut exister. En
voici quelques-uns:

1° Le bouc-émissaire: Il s'agit d'un individu dont le
comportement ou les caractéristiques de personnalité
menacent symboliquement l'identité familiale (Ackerman, 1964). C'est donc sur lui que retombent les blâ-
mes et les accusations, comme s'il était le réceptacle
de tous les problèmes et échecs de la famille (Karpel
et Strauss, 1983). Selon Bell et Vogel (1960), c'est

souvent un enfant perturbé émotivement, qui est chargé
du poids des conflits qui existent en fait entre les
parents, maintenant de la sorte l'unité du groupe:

> Le choix du bouc-émissaire est intimement relié
> aux sources de tension. Lorsqu'il s'agit d'un
> conflit de valeurs, l'enfant choisi sera celui
> qui symbolisera le mieux ce conflit: par exemple,
> s'il s'agit du succès, l'enfant qui échoue ou
> celui qui réussit de façon indépendante, violant
> de la sorte la règle de loyauté envers le groupe.
> (p. 414)

Pour justifier leur contre-rôle de "bourreaux", les
parents se décrivent assez paradoxalement comme étant eux-
mêmes les victimes et insistent sur tout ce qu'ils donnent
à leurs enfants. Même si certaines tensions sont effectivement réduites par ce procédé, il est évident que d'autres
problèmes ne tardent pas à faire leur apparition. Le bouc-
émissaire détient en effet beaucoup de pouvoir dans la famille, en monopolisant l'attention et en punissant ainsi,
en quelque sorte, ceux qui le "martyrisent". Mais en fin
de compte c'est lui qui en sort perdant, car le développement de sa personnalité est sérieusement compromis. Un
exemple en a été donné lors de la description du mythe du
rachat (chapitre IV).

2° L'enfant "parentifié": c'est un enfant encouragé à
grandir trop vite et à remplir certaines fonctions habituellement dévolues à un parent: soin des plus jeunes, garde d'un des parents, responsabilité de la famille dans son ensemble. Telle par exemple l'aînée
appelée à remplacer une mère dépressive; tel, en cas
de divorce, un frère plus âgé investi de l'autorité
paternelle, voire même de la fonction de mari, etc.
Cleveland (1981) note les nombreux bénéfices secondaires du rôle: considération des adultes, pouvoir, définition de soi comme quelqu'un de responsable... Les

conséquences négatives sont cependant nombreuses également. La relation fraternelle est devenue si pas
impossible, du moins conflictuelle, l'enfant parentifié étant suspect de collusion avec l'autorité; il ne
peut plus prendre ses parents comme modèles d'identification; ces derniers doivent toujours redéfinir po-
sitivement son comportement - même incorrect - de façon à préserver son image et son rôle. De plus, quand
il devra envisager de nouveaux engagements (mariage ou
naissance d'un enfant), il se trouvera en conflit de
loyauté entre sa famille d'origine, dont il doit prendre soin, et la famille qu'il désire fonder.

Selon Boszormenyi-Nagy et Spark (1973), l'intériora-
tion d'une image de soi comme parent potentiellement grati-
fiant est certes un pas important vers la croissance émotionnelle. Par contre, si elle est vécue dans une atmosphère d'obligation culpabilisante, une telle intériorisa-
tion peut lier de façon excessive l'enfant au parent; ce
dernier y trouve en effet des gains émotionnels par rapport
à ses besoins de possession et de sécurité, avec éventuellement des connotations sexuelles et agressives. Ce rôle
peut se présenter sous différentes formes:
- de façon manifeste, lorsque le parent adopte un comportement régressif;
- de façon sacrificielle, lorsque l'individu s'offre comme
  victime pour sauver l'intégrité de la famille (bouc-émissaire ou membre malade);
- de façon neutre, lorsque l'enfant qui "fonctionne bien"
  (ce qui est souvent un mythe!) joue certains rôles préma-
  turés pour son âge, notamment dans une famille chaotique;

3° Le petit ange: Cleveland (1981) le décrit comme l'enfant qui se conforme aux normes et valeurs déclarées

de la famille. Il s'agit effectivement d'un "bon enfant", mais il est soumis à une forte pression, car il se sent investi de la mission d'effacer l'effet négatif du "méchant". Il doit donc exceller, parfois même au-delà de ses capacités réelles. C'est souvent l'élément le plus rigide de la famille, qui donne le plus de réponses socialement désirables et est le moins prêt à changer: il a en effet beaucoup d'avantages secondaires à perdre si le système se modifie. Dans la famille du bouc-émissaire décrite précédemment, la soeur était investie de ce rôle d'enfant parfait.

4° Le médiateur: le "go-between" de Zuk (1971), le "peace-maker" de Cleveland (1981), est celui qui essaie de maintenir la paix dans la famille, soit en distrayant l'attention soit en redéfinissant la situation pour en réduire la tension. C'est un rôle qui procure beaucoup de puissance au sein de la famille, car tous comptent sur lui pour amener des changements dans les positions respectives; il peut le faire de façon active et autoritaire en confrontant les adversaires, ou de façon passive en refusant de prendre parti. Il peut également présenter un point de vue neuf sur le conflit (Zuk, 1971).

5° Autres rôles: certains rôles ont un impact moindre sur la structure et la dynamique familiales, par exemple:
- le "juge" punit celui qui ne se conforme pas aux normes et menace l'équilibre familial (Ackerman, 1964);
- le "thérapeute" constitue l'antidote émotionnel aux effets destructeurs des conflits en essayant de rétablir une atmosphère plus agréable (Ackerman, 1964);

- le "bébé" se voit encouragé à la dépendance et à l'immaturité, ce qui entrave sa croissance psychologique et sa progression vers l'autonomie (Karpel et Strauss, 1983);
- l'"avocat" parle au nom de la fratrie et défend les droits des enfants (Cleveland, 1981);
- le "mouton noir" est le seul autorisé à transgresser les normes familiales (Chagoya et Guttman, 1971);
- le "faible", le "malade", a besoin de protection constante, ce qui garantit la bonne santé des autres;
- etc.

Dans chaque famille, il existe des rôles idiosyncratiques qui permettent à chacun de trouver sa place et d'affirmer son identité: le sportif, l'intellectuel, l'artiste... Cette contribution à la structure familiale amène une certaine forme d'attention et un sentiment d'appartenance. C'est lorsque ces rôles sont trop contraignants et enferment l'individu dans un comportement prédéterminé et immuable qu'ils deviennent pathologiques.

Conclusion

Que les rôles soient socialement déterminés ou idiosyncratiques à la famille, le risque est toujours qu'ils ne deviennent des étiquettes apposées une fois pour toutes sur leurs destinataires. Si ce concept est utile pour décrire les attentes et les comportements qui en découlent, il ne tient cependant pas compte de la spontanéité et de la créativité de chacun ainsi que de la nécessaire ouverture du système familial. Il s'agit donc de dépasser le concept afin d'atteindre l'individu dans son développement et la famille dans sa croissance.

DEUXIÈME PARTIE
LE CYCLE DE VIE FAMILIALE

Chapitre VI
Les premières années

Tout comme l'individu se développe de la naissance à
la mort en passant par différents stades, une famille naît,
s'accroît et se transforme suivant l'évolution des membres
qui la composent. L'approche développementale de la famille tire son origine de plusieurs sources:

> À la sociologie rurale, elle emprunte la notion
> de stades; à la psychologie génétique, celle des
> besoins et des tâches liés au développement; à la
> sociologie des professions, le concept de séquen-
> ces de rôle et la conception de la famille comme
> la convergence des carrières du mari et de la
> femme, et plus tard des enfants; des écoles fonc-
> tionnaliste et interactionniste, les idées de po-
> sitions, de rôles et de normes, particulièrement
> reliés à l'âge et au sexe, et de la pluralité des
> modèles. (Hill, 1970, p. 296)

Lemaire (1981) note cependant que le concept de cycle
de vie familiale n'a pas un caractère explicatif, mais simplement descriptif. Ce ne sont en effet pas les événements
en soi qui ont de l'importance, mais le sens que les individus leur donnent, sens qui affectera la vie du couple et
de la famille. Hill (1965) donne trois critères de subdi-
vision du cycle de vie familiale: le nombre de personnes
dans la famille, leur âge et le changement de rôle du père
lorsqu'il prend sa retraite. Les auteurs ne s'entendent
pas toujours sur le nombre de stades. Il nous semble,
quant à nous, que l'on peut considérer cinq grandes étapes,
qui peuvent se subdiviser en sous-étapes (fig 9):

1° le couple sans enfants, mais qui envisage de
fonder une famille;

2° la famille avec de jeunes enfants;

3° la famille avec des adolescents;

4° la famille après le départ des enfants;

5° la famille après la retraite des parents.

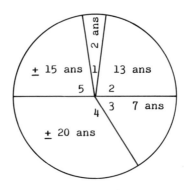

Fig. 9: Cycle de vie familiale

Il est évident que deux étapes peuvent chevaucher, dans la mesure où, par exemple, la famille compte à la fois des adolescents (stade 3) et des enfants (stade 2). Pour simplifier la description, on considère généralement que le stade débute dès qu'un individu y accède: ainsi, une famille passe au stade 3 dès que l'aîné des enfants devient adolescent. À chacune des étapes correspondent des tâches à accomplir dans différents domaines. Duvall (1967) note les suivantes:

- logement: il convient d'adapter le logement au nombre de membres vivant sous le même toit

- argent: comment le gagner? comment répartir le budget?

- rôles: il ne s'agit pas tellement des rôles traditionnels stéréotypés mais plutôt de la répartition des tâches entre les différents membres

- vie sexuelle: celle-ci évolue nécessairement en fonction de la présence et de l'âge des enfants
- communication: dans le couple et entre parents et enfants
- relations avec les proches: parents et amis
- vie sociale: loisirs, distractions, sorties...
- philosophie de vie: qui évolue de la jeunesse à la maturité et à la vieillesse; pour que la famille demeure stable, il est important que cette philosophie soit partagée au moins par le couple et qu'elle intègre les innovations apportées par les enfants (nouvelles valeurs, etc.)

Ces tâches, ainsi que les attentes de rôles qui en découlent, changent au fur et à mesure que les enfants grandissent, aussi bien pour les enfants que pour les parents et la famille dans son ensemble (Hill, 1970). Pour aborder une nouvelle étape avec le plus de chances de succès, il importe que les tâches impliquées dans la période précédente aient été remplies de façon satisfaisante. La transition d'une étape à l'autre est précipitée par un événement particulier, qui implique une nouvelle adaptation et peut de ce fait engendrer une crise, par l'augmentation de pression et la désorganisation qu'elle occasionne (Karpel et Strauss, 1985). Nous allons passer successivement en revue ces différentes phases ainsi que les transitions. Nous n'envisageons ici que la famille nucléaire qui reste la même du début à la fin. Les cas de familles monoparentales ou de familles dites reconstituées après divorce et remariage constituent des cas particuliers (même s'ils sont fréquents!) du fait des mélanges de stades qui rendent leur étude complexe. Ainsi par exemple, en cas de remariage, la famille peut se trouver à la fois aux stade I (formation du couple) et II (dans la mesure où il y a déjà des enfants du précédent mariage).

1 - Couple sans enfants

1° Formation du couple

Cette période s'étend du moment où les partenaires décident de vivre ensemble, avec ou sans lien conjugal formel, jusqu'à la première grossesse de la femme. Cependant, déjà avant la vie commune, certaines tâches doivent être remplies pour que le couple ait quelque chance de stabilité. Elles peuvent se résumer en une notion fondamentale: la différenciation de chacun des futurs conjoints par rapport à sa famille d'origine, son "individuation". Ceci implique qu'il renonce aux gratifications primaires - ou aux fantasmes de gratifications primaire - expérimentées dans sa famille d'origine, pour être capable d'investir la relation conjugale comme source principale de gratification. Cela ne veut pas dire qu'il faille couper tous les liens avec la famille d'origine (on peut être loin sans être vraiment "séparé"), mais qu'il faut se constituer en tant qu'individu autonome par rapport à elle, tout en poursuivant la relation; la poursuite de cette relation est en effet importante pour le développement des deux systèmes familiaux. Des conflits conjugaux peuvent naître d'une relation non liquidée avec la famille d'origine. Carter et McGoldrick (1980) prédisent que l'adaptation conjugale sera plus difficile dans l'un ou l'autre des cas suivants:
1 - le couple se rencontre ou se marie peu après une perte significative;
2 - le désir de s'éloigner de sa propre famille d'origine est un facteur du mariage;

3 - le couple réside soit très près soit à une grande distance des deux familles d'origine;

4 - le couple est dépendant de l'une ou l'autre famille
   d'origine financièrement, physiquement ou émotionnelle-
   ment;

5 - le couple se marie avant 20 ans;

6 - le mariage a lieu en l'absence de famille ou d'amis;

7 - l'un ou l'autre des époux a une relation pauvre avec
   ses parents, ses frères ou soeurs.

Golan (1981) considère qu'un individu est prêt au mariage lorsqu'il est capable de partager son intimité, d'exprimer tendresse et affection, de s'intéresser au bien-être
de l'autre, de dresser des plans d'avenir, de discuter des
problèmes économiques, de contribuer à l'entretien du ménage ainsi que de tolérer un délai dans les gratifications
personnelles immédiates afin de rencontrer les besoins de
l'autre et construire la relation. Il n'est pas étonnant,
dès lors, que bien peu de jeunes s'engagent dans une relation de couple sans y être préparés.

2° Vie de couple

La période durant laquelle le couple se fait la cour
et celle que l'on appelle communément la "lune de miel"
sont caractérisées par la romantisation de l'attraction
l'un pour l'autre. Les partenaires ont une forte tendance
à s'idéaliser et à refuser de voir les difficultés énormes
et variées d'établir une relation intime. Alors que la
première année de mariage est dans l'ensemble celle de la
plus grande satisfaction conjugale, elle est aussi celle
où il y a le plus haut taux de divorces. Les tâches à

accomplir sont multiples et nécessitent des négociations, des compromis et de la tolérance par rapport aux différences individuelles (Solomon, 1973). Selon Duvall (1967), le jeune couple doit en effet:

- établir un "chez soi"
- décider comment gérer le budget
- répartir les tâches et les responsabilités
- établir une continuité dans les relations sexuelles
- établir un système de communication intellectuelle et affective
- établir des relations satisfaisantes avec les proches
- établir des modes d'interaction avec les amis, les collègues et les organismes communautaires
- établir une philosophie de vie de couple satisfaisante
- envisager la possibilité d'avoir des enfants et planifier leur arrivée

Sur le plan psychologique, chaque partenaire doit se désengager d'autres relations intimes, ou en changer la forme, car elles peuvent entrer en compétition ou interférer avec l'engagement envers le conjoint. Il doit aussi adapter les schèmes de gratification préconjugale à ceux de la nouvelle relation de couple (Golan, 1981):

> Les premières mésententes ou disputes et la déception qui s'ensuit amènent rapidement le couple à réaliser qu'après tout chaque partenaire n'est qu'un être humain avec ses faiblesses et ses lacunes. Il faut passer à travers cette période de stress - qui survient généralement durant la première année de mariage -, pour développer une relation plus mûre et plus confortable. (Breiner, 1980, p. 248)

Comme la vie de couple a déjà été étudiée lors de l'é-
tude de ce sous-système (chapitre II), il n'en sera pas davantage question ici.

2 - Famille avec de jeunes enfants

1° Transition: devenir parents

Bien que le fait de devenir parents puisse ne pas sus-
citer de traumatisme ou de crise, comme on le pensait il y
a quelques années, cela demeure un changement radical pour
le couple, qui y est souvent mal préparé. Rossi (1968)
note quelques facteurs qui rendent cette transition difficile: le manque de préparation, notamment durant la grossesse; le caractère brusque de la transition; le manque de
lignes de conduite concernant un "parentage" efficace. De
plus, dans l'équilibre des rôles, c'est la mère qui est
davantage appelée à exercer le rôle instrumental (soin du
bébé) et le père le rôle expressif, même si actuellement le
partage des tâches est de plus en plus accepté.

Il est important d'attendre au moins un an avant d'envisager la naissance d'un enfant, ceci pour s'habituer à la
vie de couple, facteur essentiel à la stabilité conjugale.
Pour certains, la décision, consciente ou non, d'avoir un
enfant est prise dans l'espoir de résoudre des difficultés
conjugales inhérentes à la première étape et de cimenter
l'union (Solomon, 1973). Mais le fait de devenir parents
exige un niveau qualitatif d'engagement différent du mariage. De plus en plus de couples estiment d'ailleurs
qu'élever un enfant est une lourde responsabilité, même si
peu choisissent de ne pas en avoir (Cohler, 1984). Les
conjoints discutent plus fréquemment de la décision, en

tenant compte du travail de la femme, du haut taux de divorces, de l'inflation économique, etc. Cette décision est donc souvent marquée d'ambivalence. Beaucoup ne l'envisagent encore que comme la décision d'avoir un enfant, alors qu'en fait elle les engage à devenir parents (Miller-Cohen, 1980). Ce nouveau rôle constitue la tâche développementale majeure de l'âge adulte, avec les conflits inévitables que cela entraîne. Dans cette transition s'unissent en effet le passé et le présent en vue du futur (Cohler, 1984).

2° Vie familiale

> Une fois l'enfant né, la responsabilité du parent est irrévocable: on peut avoir un ex-conjoint, un ex-emploi, on ne peut avoir d'ex-enfant. (Golan, 1981, p. 81)

Sadow (1984) note que la capacité d'être parent comprend trois aspects: une composante biologique, archaïque, présymbolique, profondément inscrite dans le psychisme, car chacun a été un enfant et a fait l'expérience d'être materné; une composante plus symbolique, comportant une série d'identifications aux parents et une image idéale de soi en tant que parent; enfin une composante qui se développe durant l'adolescence et l'âge adulte et qui dépend du besoin que chacun a des autres pour sa propre complétion.

1) Naissance

Après une période de lune de miel avec le premier bébé, il faut s'ajuster à la vie à trois. Le couple doit se consolider en plus de développer les nouveaux rôles de père et de mère. Un des écueils à éviter est celui d'abandonner le rôle d'époux en faveur de celui de parent (Solomon, 1973). Plusieurs divorces prennent leur origine dans cette attitude, un des époux ou les deux n'acceptant pas de partager l'affection avec le bébé car le mariage n'est plus la seule source de gratification (Golan, 1981; Grossman et coll., 1980). Les rapports avec les grands-parents ne sont pas toujours une aide ni un support: ils peuvent bien sûr rendre des services, mais ils ne sont parfois pas d'accord sur la façon d'élever les enfants (Cohler, 1984). Plusieurs réaménagements physiques et sociaux sont nécessaires: logement, budget, partage des responsabilités, loisirs, vie sexuelle... (Duvall, 1967).

Pour certains parents d'aujourd'hui, il peut être difficile de faire place aux enfants, étant donné les sacrifices et l'investissement d'énergie que cela implique. À l'autre extrême, les enfants peuvent servir à combler un vide dans l'existence des parents. Vide et manque d'espace constituent tous deux un environnement défavorable au développement de l'enfant (Bradt, 1980). Selon Grossman et ses collaborateurs (1980), la relation entre le caractère du mari et le comportement de sa femme est importante, surtout en ce qui concerne le niveau d'anxiété et la satisfaction conjugale:

> L'anxiété de l'homme interfère en effet avec sa capacité à soutenir sa femme dans les premières phases (...) Chez la femme, l'anxiété est en relation avec son adaptation psychologique et personnelle et avec l'enfant, durant toute la petite enfance... (p. 252)

Il y a une idéalisation de la grossesse, de la naissance et du "parentage", qui, bien que pleins de joie et riches de signification, comportent aussi des ajustements majeurs et des difficultés inévitables. C'est bien sûr avant tout l'adaptation au premier enfant qui est difficile. Toutefois, le nombre d'enfants et surtout leur espacement

dans le temps et dans l'espace constituent également une
forte source de pression, comme le notent Gove et ses collaborateurs (1973).

Une des tâches principales de ce stade est de permettre l'épanouissement de la nouvelle personnalité de l'enfant, tout en acceptant la dépendance normale de cet âge.
La famille doit faciliter graduellement son introduction au
monde extérieur (école, mouvement de jeunesse, sports...)
en s'ajustant au feedback de l'environnement (Barnhill et
Longo, 1978).

2) Entrée à l'école

Le monde extérieur fait ainsi intrusion dans la triade
père-mère-enfant et diminue l'influence des parents. Ceux-
ci peuvent avoir l'impression que l'enfant leur échappe:
comme le dit Kestenberg (1970), de parents à temps plein,
ils deviennent parents à temps partiel! Benedek (1970)
souligne l'ambivalence qui en découle. Ils se souviennent
en effet de leurs propres comportements à cet âge et doivent revoir leur échelle de valeurs. Par ailleurs, la vie
du groupe est fort exigeante pour l'enfant, qui aime se retrouver à la maison où il peut se permettre d'être petit.
Il s'agit d'accepter cette régression tout en favorisant
une indépendance progressive pour promouvoir son individuation (Solomon, 1973).

Selon Klein et Ross (1958), l'entrée à l'école constitue une mini-crise, qui se manifeste sous quatre aspects
principaux: inquiétudes anticipées surtout concernant le
rejet et la critique quant au mode d'éducation familiale;
réactions à la séparation et sentiment de perte, surtout

chez la mère; conflits de valeur, d'une part entre la conformité au groupe et la protection de son individualité,
d'autre part entre le contrôle de l'agressivité et l'affirmation de soi; et changement dans les rôles parentaux par
suite de la division de la loyauté de l'enfant. Cette
crise passe normalement par quatre phases: 1° préoccupations quant à l'entrée à l'école; 2° soulagement du fait
que l'attente a pris fin et que l'enfant a réussi son intégration; 3° essais de redéfinition des rôles et recons-
truction de liens parents-enfant significatifs; 4° retour
à l'équilibre.

3 - Famille avec des adolescents

1° Transition

Le passage de l'enfance à l'adolescence implique une
autonomie grandissante de la part de l'enfant, ce qui peut
menacer l'équilibre familial et provoquer une crise. L'a-
dolescence est en effet une période difficile, car le jeune
confronte quotidiennement sa famille avec de nouveaux styles, un nouveau langage, de nouvelles manières et de nouvelles valeurs. Il permet donc une ouverture sur le monde
contemporain tout en constituant un pont entre l'ancien et
le nouveau. Mais il lui arrive encore de soudaines explo-
sions de vulnérabilité: ce mélange enfant-adulte n'est pas
sans prêter à confusion (Ackerman, 1980). Il y a deux
réactions extrêmes possibles de la part des parents: soit
exercer des pressions sur l'enfant pour rétablir l'état antérieur de dépendance soit pousser prématurément vers l'indépendance, à un moment où le jeune est encore mal équipé
pour une autonomie complète (Solomon, 1973)

2° Vie familiale

1) Changements

L'adolescence des enfants est une phase du cycle de vie familiale qui nécessite de nombreux changements de rôles. Chilman (1968) fait remarquer que c'est souvent la période où la mère décide d'entrer sur le marché du travail, de retourner aux études ou de s'engager dans des activités communautaires. De son côté, l'adolescent, moins attaché à la famille, exerce plus de pressions psychologiques sur les parents, par ses sautes d'humeur, son système de valeurs différent, l'indécision quant à son avenir, ses difficultés personnelles... Tout ceci affecte sérieusement ses parents, d'autant plus qu'ils se sentent relativement impuissants face à ces questions.

Duvall (1967) note qu'à ce stade, il faut revoir le budget, permettre la satisfaction de besoins différents, partager tâches et responsabilités, garder la communication ouverte, maintenir le contact avec la famille élargie, établir une philosophie de vie compatible avec cet âge, etc. Devant les difficultés de la tâche, les parents réagissent différemment. Anthony (1970) décrit une série de réactions négatives possibles face à l'adolescent:

- le considérer comme quelqu'un de dangereux et lui-même en danger, à la fois victime et bourreau: ce qui amène à le protéger contre une exposition prématurée au monde adulte;

- le considérer comme un objet sexuel: ce qui réactive les propres conflits adolescents des parents face à la sexualité et entraîne une certaine rivalité;

- le considérer comme un objet d'envie, à cause de sa vitalité, de sa liberté, de sa fraîcheur, de son grain de folie;

- le considérer comme un enfant perdu, ce qui peut entraîner de la dépression et risque de prolonger indéfiniment l'enfance;

- le considérer comme un individu inadapté que l'on ne comprend pas.

> La "bonne" réaction est celle où la réponse sté-
> réotypée est minimale ou absente, l'adulte répon-
> dant sur une base de relation de personne à per-
> sonne, exempte de transfert et empreinte de sym-
> pathie et d'empathie. (p. 323)

2) Difficultés

Serrano et ses collaborateurs (1962) étudient les dynamiques familiales d'adolescents perturbés. Ils en arrivent à quatre catégories diagnostiques:

1° les adolescents qui réagissent de façon infantile primitive: on remarque, chez les parents, un contraste entre les modes visibles et masqués d'interaction. Extérieurement en effet, ils semblent obéir aux rôles sociaux tels qu'attendus; mais plus profondément, l'un d'entre eux exerce la domination et l'autre se retire. Cette situation engendre une insatisfaction conjugale marquée mais non dite et la symbiose avec l'enfant, propice au développement d'une schizophrénie.

2° les adolescents qui réagissent de façon puérile agressive: ils luttent pour leur autonomie, mais les parents ne peuvent l'accepter. Ces adolescents tentent alors de garder un certain lien avec la mère par un passage à l'acte délinquant.

3° les adolescents qui réagissent de façon enfantine anxieuse: les parents sont en compétition l'un avec l'autre pour l'autorité et se tiennent sur la défensive. Dans ces familles, il y a de la rivalité fraternelle intense.

4° les adolescents qui réagissent de façon préadolescente: les parents manifestent leur impuissance et la division des rôles accentue la faiblesse de l'un. Les jeunes présentent des doutes quant à leur identité.

Les auteurs ajoutent que, dans ces quatre situations, l'adolescent agit comme facteur stabilisant en rejouant les conflits non résolus des parents. Leur symptôme exerce donc une fonction homéostatique.

De son côté, Stierlin (1974b) se centre sur les difficultés de séparation parents-adolescents. Il décrit trois modes de transaction, suivant la dominance des forces centripète ou centrifuge:

1) les transactions à dominance centripète ou liante: elles lient les individus les uns aux autres, soit en jouant sur l'affectivité et en exploitant les besoins de dépendance, ce qui infantilise l'adolescent; soit en agissant sur le plan cognitif, par la manipulation, la violation de l'intégrité cognitive, l'attribution ou le retrait de sens, et l'évitement des conflits; soit en insistant sur les sentiments de loyauté, ce qui entraîne culpabilité et victimisation de l'adolescent. En fait, les parents agissent de la sorte pour éviter de faire face à leur propre crise développementale de ce stade. Pour ces familles, les satisfactions essentielles et la sécurité ne peuvent être obtenues qu'au sein du milieu familial et le monde extérieur est considéré comme hostile et négatif.

2) les transactions à dominance centrifuge ou reje-
tante: les adolescents y sont négligés ou rejetés, poussés
vers une autonomie prématurée. Les parents considèrent
leurs enfants comme des obstacles à la résolution de leur
propre crise.

3) les transactions à dominance mixte ou délégante:
l'adolescent y est envoyé vers le monde extérieur mais en
fait il est retenu par une longue laisse de loyauté! Il
est délégué vers l'extérieur soit pour satisfaire de façon
vicariante des besoins non résolus de ses parents, soit
pour faire des expériences à leur place, soit pour réaliser
les aspirations qu'ils n'ont pu eux-mêmes réaliser. Ces
parents éprouvent en fait beaucoup d'ambivalence face à
leur propre développement. L'adolescent "délégué" peut de
son côté vivre des conflits de loyauté envers ses deux parents ou entre des "missions" incompatibles.

Conclusion

Les auteurs étudient surtout les difficultés et les
conflits des familles avec des adolescents, parce que ce
sont celles-là qui demandent de l'aide. On peut cependant
se demander s'il n'entre pas une part de mythe dans les
conceptions des relations parents-enfants à ce stade.
Claes (1983) conclut en effet après un relevé de la littérature sur le sujet:

> Les travaux cités démontrent que, de toute évi-
> dence, les idées de conflit ou de fossé de géné-
> rations sont sans fondement (...) La majorité
> des adolescents épousent les valeurs convention-
> nelles de leur communauté familiale; la confor-
> mité aux valeurs parentales l'emporte largement
> sur les aspects de confrontation et la solidarité
> entre la génération des parents et des adoles-
> cents prédomine le plus souvent. (p. 145)

Chapitre VII
Dernières années

1 - Famille à la période postparentale

Le terme "période postparentale" peut prêter à confusion, car on reste parents jusqu'à la fin de sa vie même si les enfants n'habitent plus sous le même toît. Cette période s'étend du moment où les enfants quittent la maison jusqu'à la retraite du père et de la mère.

1° Départ des enfants

À la fin de l'adolescence, la famille doit permettre au jeune l'accession à l'autonomie adulte, par une diminution graduelle des liens, de façon à ce qu'il puisse quitter le nid familial et fonder sa propre famille. Cette transition recouvre donc la première étape pour la génération suivante. Le degré de succès ou d'échec que les parents ont expérimenté en faisant face aux problèmes d'autonomie, de responsabilité et de relations avec leurs propres familles d'origine, a un impact important sur la manière dont ils aborderont ces problèmes avec leurs grands enfants (McCullough, 1980).

Selon Guttman (1980), le narcissisme, centré jusqu'alors sur l'enfant vulnérable, se retourne à présent sur le moi. Les hommes redécouvrent l'aspect esthétique de la vie; les femmes peuvent trouver en elles-mêmes des capacités cachées ou non reconnues. Pour certains parents donc, l'accès à cette phase peut constituer une occasion de croissance et de créativité, par la possibilité d'explorer de nouvelles avenues et de nouveaux rôles. Il y a certes un deuil à faire en modifiant les relations d'attachement avec les enfants, mais ceci procure également l'occasion d'affirmer son intégrité et de se percevoir sous un autre point de vue. Pour d'autres parents au contraire, la redéfinition de soi et de sa propre valeur, indépendamment des enfants, peut conduire à la crise (divorce ou autres problèmes), à un sentiment de perte totale (syndrome du nid vide), voire même à une désintégration générale (maladie et mort) (Lefebvre, 1982):

> La psychologie de cette période n'est donc pas nécessairement celle d'une perte ou d'une privation, mais plutôt celle de l'incertitude, ce qui implique non un désastre mais une crise: de nouveaux développements, de nouvelles possibilités peuvent conduire soit à la catastrophe soit à la croissance, l'issue restant toujours incertaine. (Guttman, 1980, p. 51)

2° Vie familiale

McCullough (1980) note qu'à ce stade, la qualité de vie a changé notablement dans les dernières décennies, à cause des changements démographiques, sociaux, économiques et médicaux de la société: plus grande espérance de vie, plus jeune âge de la mère au départ du dernier enfant, familles plus petites, travail de la femme...

Une des caractéristiques de la vie familiale à cette période est son continuel mouvement de va et vient: les enfants s'en vont, d'autres partenaires arrivent; les grands-parents de l'ancienne génération meurent, des petits-enfants naissent... McCullough (1980) décrit quelques caractéristiques de cette période:

1) Désinvestissement graduel du rôle de parents protecteurs: les enfants sont encore objets d'affection, mais sont moins idéalisés. La relation parents-enfants doit se réajuster vers un nouvel équilibre, ce qui suppose que les parents fassent preuve de confiance en ce qu'ils ont engendré (Golan, 1981; Guttman, 1980).

2) Séparation parents-enfants: celle-ci n'est pas toujours facile. La mère surtout peut ressentir le départ des enfants comme une perte: c'est la phase la plus difficile pour elle, alors que pour son mari ce sera la mise à la retraite. L'un ou l'autre des conjoints peut alors essayer de combler le vide en investissant dans une relation extra-conjugale (Golan, 1981).

3) Mariage des enfants: l'arrivée des nouveaux partenaires transforme les relations parents-enfants. La naissance de petits-enfants peut raviver le conflit entre générations ou au contraire l'apaiser.

4) Modification de la relation conjugale: il peut y avoir tendance à réinvestir le mariage comme source principale de gratification; d'autres au contraire tentent de changer certaines composantes de la relation. Ces deux possibilités peuvent amener un conflit temporaire au sein du couple. La femme devient en effet davantage consciente de ses potentialités et désire souvent sortir des rôles bien définis de sa maternité. L'homme peut se sentir exaspéré de l'insistance de sa femme quant au changement de rôle et à l'égalité de la relation. L'insatisfaction se manifeste souvent dans le domaine sexuel.

L'adaptation réussie consiste en ce que chaque partenaire puisse poursuivre ses propres buts de

réalisation de soi et d'accomplissement; en même
temps, les conjoints sont disponibles l'un envers
l'autre avec moins de compétition et de rivalité,
en respectant leur désir d'individuation mais en
manifestant aussi interdépendance et mutualité.
(Mann, 1980, p. 142)

5) Besoin d'investir dans des buts plus personnels:
il devient possible d'explorer de nouvelles avenues et de
faire de nouveaux choix sur le plan du travail, de la carrière, des loisirs... On constate parallèlement un mouvement vers une plus grande intériorité, reliée à des changements dans le sentiment de sa propre identité, qui devient
relativement indépendante de l'opinion des autres (Mann,
1980).

6) Consolidation des gains antérieurs: l'adaptation
réussie à cette phase se manifeste notamment par l'atteinte
d'une certaine compétence grâce à l'expérience acquise, une
stabilité au travail, des responsabilités financières moin-
dres, un confort physique plus grand, une stabilité géographique...

7) Présence de trois générations: la génération du
milieu doit faire face à des relations différentes avec ses
propres parents: retraite, problèmes de santé, dépendance
accrue et mort. Elle y est souvent mal préparée et peut
éprouver des sentiments d'anxiété, de confusion et de culpabilité devant les problèmes des grands-parents (Golan,
1981). Les deux parties doivent réévaluer leurs buts,
leurs besoins et leurs priorités. Cette prise en charge
suppose que chacun assume ses obligations, ses échecs, ses
déficiences, ses conflits et ses ambivalences (Stierlin,
1974b).

2 - Famille à la retraite

1° Retraite

Ce stade débute, après le départ des enfants, au moment où le couple anticipe la retraite; il se termine à la mort des deux conjoints. Selon Kuypers et Bengtson (1983), quatre événements caractérisent la transition: l'indépendance des enfants; la retraite; l'incapacité due à la maladie, pouvant nécessiter l'hospitalisation; et la rupture de l'unité familiale. Le défi fondamental réside dans les questions suivantes: qu'est-ce que la famille? comment va-t-elle subsister? sera-t-elle reconnaissable? En effet, face aux ruptures inévitables, aux pertes de cet âge et à la mort, tous événements générateurs de déséquilibres, l'importance que les membres accordent à la vie familiale et la signification qu'elle revêt pour eux priment sur tout le reste. Il s'agit de savoir si la continuité va être maintenue.

La génération du milieu peut faire face à des conflits de loyauté entre les familles d'origine et la famille de procréation. Généralement libérée du soin de très jeunes enfants, elle doit effectivement s'organiser pour prendre soin à la fois des parents âgés et des adolescents (Barnhill et Longo, 1978). Pour le couple à la retraite, il s'agit d'accepter les pertes économiques, sociales et physiques, expérimentées par l'un ou l'autre des conjoints. Ceci implique une redéfinition des rôles et un nouveau style de vie, excluant les plans de carrière, les buts à atteindre et les responsabilités à assumer (Solomon, 1973).

2° Vie familiale

Brubaker (1983) fait remarquer que les familles, à ce stade, se caractérisent par la présence de plusieurs générations et par une longue histoire familiale. Elles possèdent de ce fait un vaste réservoir d'expériences, de capacités de communication et de stratégies d'adaptation. Les relations familiales gardent toute leur importance: neuf personnes de plus de 65 ans sur dix ne vivent pas seules mais en compagnie de leur conjoint, d'un frère, d'une soeur ou d'un enfant. Malgré la préférence marquée pour des ménages séparés, la plupart des parents maintiennent des contacts fréquents avec leurs enfants et gardent des liens d'affection et de support mutuels, dans une sorte d'intimité à distance (Walsh, 1980). Ceci comporte des aspects positifs, tels que l'aide en cas d'urgence, le support dans les activités quotidiennes, des conseils ou un dépannage sur le plan financier, le soutien émotionnel. Mais il y a également des aspects négatifs, comme des augmentations de tension (surtout en cas de cohabitation), une surcharge de travail due aux besoins accrus, des attentes excessives des parents envers leurs enfants ou inversement (Brubaker, 1983). En fait, la relation actuelle va dépendre de la qualité des relations antérieures établies avec l'enfant.

Shanas (1979) dénonce le mythe de l'aliénation des personnes âgées. Dans la société américaine contemporaine, elles ne sont en effet pas abandonnées par leur famille. Même s'il n'y a pas d'enfants, ce sont des frères, des soeurs, des neveux ou des nièces qui prennent la relève et assument les obligations. Aux États-Unis, la plupart des personnes âgées vivent à proximité d'un de leurs enfants et voient souvent leurs frères, soeurs et amis. La fratrie constitue un support psychologique important durant la vieillesse, même si les contacts sont moins fréquents qu'avec les enfants. Ces relations sont marquées d'affects positifs, contribuent à une vie sociale agréable et permettent une assistance mutuelle, dans les limites du possible: soutien en cas de maladie, aide pour des décisions importantes, transport, activités sociales tels que loisirs, fêtes, visites... (Scott, 1983).

En ce qui concerne le couple, il peut y avoir accroissement ou diminution de la satisfaction conjugale. Le facteur important pour la qualité de la vie conjugale dans les dernières années semble être la confirmation de l'image de soi par le conjoint (Brubaker, 1983). Le couple doit en outre restructurer son cercle d'amis, redistribuer les tâches à la maison et assurer un nouveau partage des responsabilités.

Selon Walsh (1980) ce stade comporte de nombreux stress, qui exigent le support de la famille, l'adaptation à la perte et la réorganisation de la vie. Ces stress constituent des sources potentielles de difficultés mais sont aussi des occasions de croissance pour les membres de la famille.

1 - Relations grands-parents/petits-enfants

Soixante-dix pour cent des personnes de plus de 65 ans ont des petits-enfants et 1/3 des arrière-petits-enfants. Il n'est plus rare, à l'heure actuelle, de voir l'existence de quatre générations; Troll (1983) note que la vie familiale est passée de la dimension horizontale (nombreux enfants, cousins et cousines) à la dimension verticale (plusieurs générations). La présence de petits-enfants comble

le désir de survivre et favorise ainsi l'acceptation de sa
propre mort. Elle offre également des possibilités d'interactions significatives non compliquées car exemptes des
responsabilités, des obligations et des conflits inhérents
à la relation parents-enfants. Troll tire quatre grandes
conclusions de la revue de la littérature sur le sujet:

1° les grands-parents continuent à jouer un rôle important dans la dynamique familiale, même s'il est secon-
daire par rapport à celui des parents;

2° les interactions et les rôles varient d'un grand-
parent à l'autre, en fonction de la classe sociale et du
groupe ethnique, mais surtout à cause des sentiments et des
préférences individuelles ainsi que des circonstances de la
vie. Certains grands-parents ne tiennent pas tellement à
intervenir dans l'éducation des jeunes enfants, en raison
de la fatigue que cela occasionne et des divergences dans
la conception de l'éducation (Cohler, 1984);

3° le niveau de développement où se situent les
grands-parents et leurs petits-enfants influence leurs interactions et leurs sentiments réciproques;

4° la fonction la plus importante des grands-parents
est peut-être celle de maintenir le système familial dans
son ensemble.

La relation grands-parents/petits-enfants constitue
donc plus qu'une série de normes; il s'agit d'un lien unique et spécifique, qui subit un continuel processus d'ajustement en fonction des circonstances (Sprey et Matthews,
1982). Ce rôle permet aux grands-parents de retravailler
des problèmes plus anciens non résolus, d'accroître leurs
capacités psychosociales et de compenser la faiblesse due
aux circonstances de la vie. Ils peuvent améliorer de la
sorte leur propre santé mentale (Kivnick, 1982). Il ne

semble toutefois pas y avoir de relation significative entre la quantité de contacts avec les enfants et les petits-
enfants et la satisfaction des personnes âgées quant à la
vie (Troll, 1983).

2 - Maladie et dépendance

La crainte de perdre ses capacités physiques ou mentales et celle d'être atteint d'une maladie ou d'une invali-
dité chronique sont des préoccupations communes à toutes
les personnes âgées, même si elles sont en bonne santé.
Walsh (1980) ajoute que cela peut conduire à la dépression,
engendrer des sentiments d'impuissance et de désespoir de
même que la crainte de perdre le contrôle. Les autres membres de la famille peuvent en éprouver de l'anxiété et la
relation conjugale en être déséquilibrée. Kuypers-Bengtson
(1983) note que, lorsqu'il arrive quelque chose à un parent
âgé, cela provoque plus de bouleversement chez les enfants
que dans le cas d'une personne plus jeune, à cause notamment des mythes qui entourent la vieillesse: stéréotypes,
pertes et craintes. Certains nient même le vieillissement
de leurs parents pour ne pas devoir faire face à leur propre vieillissement (Grunes, 1984).

Le problème de la dépendance se pose inévitablement
dans les relations intergénérationnelles, ce qui peut rame-
ner à la surface des problèmes de relations parents/enfants
mal résolus. Selon Grunes (1984), les personnes âgées es-
sayent de protéger leur identité à travers le temps. Elles
ont donc besoin d'être rassurées par ceux qui prolongent
leur soi, c'est-à-dire leurs enfants. Ce problème de la
dépendance a amené à des conceptions erronées du type "inversion des rôles" et "retour à l'enfance". S'il est vrai

que, à cause du stress et de la maladie, certaines fonctions sont temporairement suspendues chez la personne âgée,
la prise en charge par l'enfant ne peut en aucun cas être
considérée comme une inversion de rôles. Si la relation
est bonne, l'enfant assumera de bon gré les tâches nécessaires, ne se sentira pas ployer sous l'effort et n'exigera
pas de reconnaissance indue de la part de son père ou de sa
mère. Il arrive parfois aussi qu'il y ait rivalité entre
les enfants pour savoir celui qui fait le plus pour son
pauvre parent!

Brody (1974) préfère donc parler d'une phase développementale qu'il appelle "maturité filiale", où l'enfant accepte la dépendance du parent et remplit un rôle filial
plutôt que parental. Ceci implique notamment qu'il assume
ce qu'il peut raisonnablement assumer et qu'il reconnaisse
ce qu'il ne peut pas ou ne doit pas faire pour ses parents
vieillissants (Walsh, 1980). De son côté, la personne âgée
doit accepter ses forces et ses limites et permettre à son
enfant d'accéder à cette maturité filiale.

Walsh (1980) fait remarquer que le placement en institution, quand il devient inévitable, constitue généralement
une crise pour toute la famille: la personne âgée se sent
abandonnée et son enfant éprouve de la culpabilité. La façon dont tous deux feront face à cette difficulté dépend de
la qualité des relations antérieures (Brody, 1974). Mais,
contrairement au mythe, les enfants ne se débarrassent pas
facilement de leurs parents en les plaçant en institution:
il faut vraiment que ces derniers soient très atteints.
Aux États-Unis, seulement 4% vivent en institution; l'âge
moyen à l'admission est de 80 ans et la moitié d'entre eux
présente des troubles organiques au cerveau.

3 - Mort

Faire face à une maladie terminale est peut-être la tâche la plus difficile pour la famille. La mort d'une personne âgée peut cependant être considérée comme une crise normale, facteur possible de croissance pour les différents membres. Elle constitue souvent la première expérience de la mort pour le jeune enfant et place la génération du milieu face à sa propre mort, du fait qu'elle devient à son tour la génération la plus âgée (Brody, 1974). Quand un grand-parent tombe gravement malade, un processus de deuil s'installe, qui passe par plusieurs phases: d'abord la négation du caractère inéluctable du décès, ensuite la colère et les sentiments de culpabilité, enfin l'acceptation consciente et l'adaptation familiale. Plusieurs préfèrent ne pas en parler et garder secrète l'issue inévitable, mais cela finit par créer des barrières dans la communication, ce qui empêche toute préparation au deuil anticipé (Walsh, 1980):

> La façon dont le processus de deuil est vécu, les réactions et l'adaptation de la famille ont des implications pour le développement psychologique des plus jeunes; elle influence notamment la manière d'envisager la mort et de faire face aux pertes et aux séparations inhérentes à la condition humaine. (Brody, 1974, p. 403)

À la mort d'un conjoint âgé, les proches entourent la personne veuve au début du deuil et lui apportent du service, de l'aide et des conseils. Selon Walsh (1980), il y a quatre fois plus de veuves que de veufs, et elles le deviennent à un âge moins avancé. Comme c'est souvent la femme qui relie son mari à la famille et à la communauté, ce dernier risque de voir se rompre les contacts sociaux et familiaux. Les hommes se remarient toutefois plus facilement, tandis que les femmes se rapprochent plus de leurs enfants, spécialement leurs filles, et de leurs frères et soeurs. En général, la personne veuve arrive à établir des relations satisfaisantes avec ses proches (Heinemann, 1983).

Quand les jeunes adultes d'aujourd'hui deviendront vieux, ils constitueront 20% de la population. C'est dire que la famille deviendra encore plus importante en ce qui concerne les liens émotionnels, le sentiment d'identité et la conscience de sa valeur personnelle (Walsh, 1980).

Conclusion

La notion de cyle est certes utile pour la description des phénomènes qui jalonnent la vie familiale; elle n'en constitue toutefois aucunement une explication. Falicov (1984) note que la plupart des familles se conforment même assez peu aux tâches développementales décrites, que ce soit en ce qui concerne le temps, la séquence, le degré d'accomplissement ou la résolution des crises. Cet auteur énonce plusieurs critiques à cette conception:

- la notion de tâches spécifiques liées à un certain stade peut être garante en quelque sorte de la normalité mais conduire à une illusoire étiquette diagnostique en cas de non-conformité;

- dans la mesure où le succès d'une étape dépend de la réussite des précédentes, on se trouve devant une conception déterministe de l'histoire, qui devient de la sorte une destinée; il y a peu de place pour les changements inattendus;

- ce modèle tient peu compte du contexte historique et socio-culturel; il est pourtant impossible de prédire le développement à travers le cycle de vie sans spécifier pour qui, où, quand et dans quelles circonstances;

- enfin "la lutte l'ambivalence, la progession et la régression, les difficultés normales et les dilemmes inhérents à tout processus de croissance risquent d'être négligés, simplement par omission" (p. 331).

Il convient donc d'être prudent et nuancé en appliquant ce schéma à une famille particulière. Il permet en effet de comprendre ce qui se passe à un moment donné, mais ne tient pas compte des événements particuliers et des circonstances spécifiques qui ont marqué la trajectoire idiosyncratique de cette famille. À vouloir trop théoriser, on risque de l'enfermer dans un moule et d'oublier son caractère unique, irréductible à tout modèle:

> Ce qu'il est intéressant de noter, c'est la persistance alternée des mêmes processus donnant à la famille ce caractère structuré d'un ensemble rythmé par des phases successives marquées chez chaque individu par des clivages idéalisants et un travail de deuil constamment renouvelé. (Lemaire, 1981, p. 149)

Chapitre VIII

Rites familiaux

La notion de rite a été développée en anthropologie, au début du siècle, par le folkloriste belge van Gennep. Même s'il n'existe pas de consensus quant à la définition, la plupart des auteurs s'entendent cependant pour lui donner les caractères d'un acte prescrit, rigide, répétitif, et stéréotypé, par opposition aux coutumes qui sont des habitudes sociales répétitives mais non fortement stylisées (Fried et Fried, 1980; Lefèbvre, 1982).

1 - Rites séculiers

Il existe actuellement toute une polémique concernant la nécessité d'une dimension religieuse dans la définition du rite. Moore et Myerhoff (1977) notent que des cérémonies laïques peuvent également présenter des aspects doctrinaires indiscutables et dramatiser des impératifs sociaux et moraux sans aucune "invocation des esprits". Huxley (1966) généralise le terme de ritualisation en insistant sur l'aspect de formalisation adaptative et de canalisation des activités humaines, en vue d'assurer une communication plus efficace, de réduire les tensions à l'intérieur du groupe et de permettre un lien groupal plus fort. En ce sens, tout rituel collectif peut être considéré comme la structuration d'un processus culturel et historique, destiné à garder sous contrôle ferme et définitif une certaine partie de la vie du groupe. Il sert non seulement à refléter des habitudes sociales et des modes de pensée existants, mais aussi à les réorganiser et même à les créer (Moore et Myerhoff, 1977).

Ces auteurs considèrent que les rituels séculiers présentent cinq caractéristiques: un but explicite, des symboles et des messages évidents, des déclarations implicites, un impact sur les relations, et une dimension culturelle par opposition au chaos. Erikson (1966) y ajoute la présence d'au moins deux personnes en interaction réciproque, la symbolisation qui permet de créer des liens et de transcender le réel rationnel, et l'engagement instinctuel des participants, de façon à dépasser l'ambivalence en faveur de la survie: le rituel produit donc de ce fait un effet cathartique.

> Le rite n'est qu'un des modes d'action du mythe. Un simple support concret, une gestuelle du mythe (...) Le rite n'existe que par le mythe qu'il rend à son tour plus vécu, plus présent, plus efficace. Le rite, c'est le mythe mimé, ressenti et fixé au niveau du corps et du sentiment, dans le silence de la raison. (Lerède, 1980, p. 54)

Tout rituel exerce trois fonctions: communication, contrôle de l'agressivité et formation des liens (Lorenz, 1966). Le rite renforce l'autorité et la légitimité des statuts des personnes, des organisations, des occasions, des valeurs morales, de la conception du monde, etc. (Moore et Myerhoff, 1977). Pour qu'il se transmette de génération en génération, il est indispensable qu'il ait une valeur émotionnelle forte, une sorte de situation de transfert psychanalytique, de respect filial entre deux générations (Lorenz, 1966)!

2 - Rites familiaux

1° Définition

Selon Ruffiot (1980), "tout groupe familial est le lieu d'une création - souvent héritée - de rites concernant la vie la plus quotidienne ou les grands événements qui la jalonnent, ensemble d'habitudes qui semblent aller de soi pour chaque membre du groupe" (p. 12). Bossard et Boll (1949) définissent les rites familiaux comme des procédures formelles et prescrites, résultant de l'interaction familiale; ils comprennent des comportements définis, dirigés vers un but spécifique, qui acquièrent rigidité et conformisme par suite de leur répétition dans le temps. Tels peuvent être les anniversaires, les repas en famille, les vacances, les pratiques religieuses, les loisirs collectifs, les habitudes quant au lever et au coucher, le culte rendu aux disparus, certaines règles régissant les affrontements au sein de la famille... (Ruffiot, 1980). Wolin et Bennett (1984) insistent sur l'aspect de communication symbolique et sur la satisfaction éprouvée par tous dans cette répétition stéréotypée. Il s'agit donc d'un schème de transactions fortement structuré et répétitif, qui définit ou réaffirme les règles de la relation sous une forme analogique, symbolique (Yeats, 1979).

Les rituels familiaux sont influencés par les valeurs culturelles, religieuses et ethniques du groupe d'appartenance, mais ils dépendent également beaucoup de l'idiosyncrasie familiale. Ils requièrent en effet la participation de tous, chacun a un rôle à y jouer et assume la responsabilité de le mener à bon terme. L'individualité est momentanément dissoute au profit d'une conception groupale du

monde et au service de la continuité familiale. Les frontières entre la famille et le monde extérieur sont de la
sorte clarifiées (Reiss, 1981).

Ainsi, notent Wolin et Bennett (1984), s'établit et
se perpétue un sentiment d'identité familiale, par l'assi-
gnation des rôles, l'établissement des frontières à l'intérieur et à l'extérieur, la définition des règles et des mythes concernant l'histoire de la famille. Cette culture
familiale peut se transmettre de génération en génération.
Les rites exercent donc une fonction d'éducation et de régulation des comportements, de partage et de transmission
des croyances, et de définition de l'identité personnelle
et familiale. Ils protègent les membres contre les sentiments de solitude et d'insécurité, par la participation au
groupe, le partage de l'intimité et l'expérience esthétique
qu'ils procurent. Comme ils permettent de prédire certains
comportements, ils réduisent les tensions et le désordre,
d'autant plus qu'ils exigent le respect des autres et le
contrôle de soi (Bossard et Boll, 1949). Ils enrichissent
la vie familiale, favorisent la socialisation des enfants
et facilitent les changements développementaux (Yeats,
1979). Wolin et ses collaborateurs (1980) remarquent que
la non-observance des rites familiaux suite à une situation
pathologique telle que l'alcoolisme indique que le problème
s'est répercuté au sein de la vie familiale. Lorsqu'ils
sont maintenus malgré tout, la famille garde une certaine
stabilité. C'est ainsi que les enfants d'alcooliques ont
plus de risques de devenir eux-mêmes alcooliques si la famille n'a pas continué à observer ses rites.

Selon Yeats (1979), deux critères permettent de dis-
tinguer les rituels des routines:

- la spécificité temporelle: ils ont lieu à intervalles réguliers (jours, semaines, saisons...) ou lors de circonstances spécifiques (fêtes...);
- le caractère spécial de l'événement: celui-ci se manifeste par l'aspect formel, une structuration accrue et l'importance subjective qu'il revêt pour chacun (ce dernier aspect étant nécessaire et déterminant).

2° Classification

L'anthropologie distingue deux sortes de rites tribaux (Vizedom, 1976);
- les rites homéostatiques, qui ont pour fonction le maintien de l'équilibre, en réduisant l'anxiété, contrôlant les impulsions et favorisant le maintien et l'intégration de la structure sociale;
- les rites homéorhésiques (ou rites de passage), liés au changement, qui ont pour fonction de promouvoir un nouvel équilibre, par la régulation des changements de rôle et de statut.

De la même manière, Yeats (1979) classe les rites familiaux en deux groupes:
- Les rites d'union, qui, répétitifs et prescrits, améliorent et enrichissent le sens de la famille, par le maintien des frontières à l'intérieur et à l'extérieur du groupe et l'affirmation des valeurs, de la philosophie et des règlements familiaux. Tels sont les rassemblements pour les fêtes, les activités familiales spéciales comme les repas, les voyages, les loisirs réguliers pratiqués par tous... Ces rites ont donc une fonction homéostatique.

- Les rites du cyle de vie, homologues aux rites de passage, qui consacrent le changement et en font une réalité partagée par l'ensemble. Tels sont les anniversaires, les cérémonies, les graduations, etc. Ces rites ont donc une fonction homéorhésique.

Shipman (1982), pour sa part, considère quatre catégories:
- les rituels périodiques: vacances, rites religieux, repas du dimanche, anniversaires de naissance et autres anniversaires;
- les rituels saisonniers et récréatifs: chasse et pêche, camping et vacances, événements sportifs;
- les rituels stratégiques: conseils de famille, rituels de réconfort, d'affection, de travail, de repas, de télévision, d'amitié...;
- les rituels spontanés propres à la famille.

Wolin et Bennett (1984) tiennent compte de l'aspect culturel ou idiosyncratique des rites de même que de leur structuration. Ils proposent la classification suivante:
- Les célébrations familiales: vacances et occasions largement répandues dans la culture, auxquelles la famille accorde une importance spéciale. Ils sont exercés de façon relativement standardisée pour une sous-culture donnée et se caractérisent par l'universalité des symboles. Il y a peu de contestation au sujet de leur importance émotionnelle. Il s'agit par exemple des fêtes religieuses annuelles (Noël, Bar Mitzvah...), des jours de congé fériés (Action de grâces...), des rites de passage (baptême, funérailles...). Ces rites marquent le passage du temps et la progression de la famille dans le cycle de vie. Ils définissent l'identité du groupe en tant que membre d'une culture plus large.

- Les traditions familiales: occasions spéciales choisies par chaque famille. Elles sont plus idiosyncratiques et ont une grande signification pour le groupe familial, qui veille à leur maintien. On y retrouve les vacances d'été, les visites, les anniversaires, les réceptions, la participation à des activités annuelles de la communauté ou à des rencontres régulières avec la famille élargie, etc. Ces rites répondent à un besoin d'unicité, de continuité interne et de cohésion; ils contribuent à l'identité familiale.

- Les interactions familiales: activités les plus fréquentes mais les moins consciemment planifiées, tels les soupers en famille, les routines du coucher, l'accueil des invités, les activités de loisir, les salutations, la discipline... Par ces rites, qui définissent les frontières, les individus consolident cet aspect de leur identité personnelle qui ressort de l'identité familiale.

3° Exemples

Les rites d'union ont peu fait l'objet de recherche dans la littérature. Dreyer et Dreyer (1973) ont étudié le repas du soir, qu'ils considèrent comme peut-être le plus stable des rituels familiaux auxquels participe l'enfant. Ce dernier y trouve l'occasion d'une multitude d'apprentissage, tels que les comportements entourant le repas (étiquette et bonnes manières), les rôles, les règles et les valeurs de la vie familiale, le plaisir des sens, l'expression des sentiments, etc. Yeats (1979) note que les célébrations d'anniversaire de naissance opèrent plus comme des rites d'union que comme des rites de passage. Une des fonctions de ces rites est de maintenir le sentiment que la famille est un lieu sûr, que les parents gardent le contrôle et que les enfants sont protégés.

Friedman (1980) souligne l'importance de la famille
dans l'établissement des rites de passage, car c'est elle -
et non la culture - qui détermine la qualité émotionnelle
de telles occasions et par conséquent le succès du passage.
C'est également elle qui choisit les rites à employer, en
fonction de ses propres caractéristiques. Yeats (1979)
ajoute que, de nos jours, les cérémonies religieuses et sé-
culières sont devenues anonymes et vides de sens. Il revient donc à la famille de confirmer le développement de
ses membres en créant de nouveaux rites.

C'est vraiment la famille tout entière, et pas seulement l'individu en cause, qui opère la transition vers une
nouvelle phase du cycle de vie familiale. Les cérémonies
qui entourent ce passage mettent les membres de la famille
en contact les uns avec les autres. Sur la base de 20 ans
d'expérience en tant que rabbin et thérapeute, Friedman
(1930) tire quatre conclusions concernant les rites de passage:

1 - ce sont des événements qui ont lieu en raison des
processus émotionnels à l'oeuvre dans la famille de ceux
qui sont le centre de la cérémonie;

2 - la cérémonie reflète le changement qui survient
dans la famille ainsi que son mouvement vers l'avant;

3 - les moments qui précèdent et qui suivent la célébration sont de ce fait des périodes adéquates pour induire
un changement dans le système familial;

4 - il semble y avoir une durée normale pour passer à
travers ce processus et toute tentative de le hâter ou de
le ralentir est signe de problèmes non résolus dans les relations familiales.

Friedman indique notamment que les funérailles permettent de prendre ou de changer de responsabilité, de reprendre contact avec les membres éloignés, de connaître l'histoire de la famille, d'apprendre comment faire face à l'anxiété, de retravailler les triangles qui semblent resurgir à ces momentslà, et de réduire l'effet débilitant du deuil, résidu de problèmes de relation non liquidés. En effet, "ce n'est pas seulement un individu qui meurt, c'est surtout un membre de la famille, une partie d'un organisme" (p. 442).

Le mariage permet aussi de retravailler les triangles mais surtout de recentrer l'attention des parents sur autre chose. Ceux-ci éprouvent en effet parfois des difficultés à se séparer de leur enfant, qui semble nécessaire à l'équilibre de leur couple. Ces difficultés des parents correspondent souvent à des conflits non liquidés dans d'autres relations importantes. Certains enfants, qui rencontrent des problèmes avec leurs parents au sujet de leur mariage, ont tendance à considérer cet événement comme une formalité par laquelle il faut bien passer afin de s'en aller. Cette conception reflète en fait un évitement de la situation problématique et nuit aux relations ultérieures avec la famille d'origine. Lors d'une récente étude portant sur l'adaptation du couple à la période postparentale, Lefèbvre (1982) note également l'importance d'une célébration pour délimiter la réelle séparation parents-enfants. Aux yeux des parents en tout cas, le mariage confirme l'accès de leur enfant au monde adulte, contrairement à l'union libre, plus difficile à accepter et qui garde un caractère de réversibilité.

D'une façon plus générale, il semble que les rites de passage employés lors de la séparation parents-enfants

obéissent à un schème familial (Lefèbvre et Morval, 1983):
les enfants ont tendance à adopter le même schème de départ
qu'un de leurs parents. Si l'un des deux a quitté sa propre famille de façon brusque et prématurée, il n'est pas
rare que leurs enfants fassent de même; s'ils sont partis
pour travailler à l'extérieur avec l'approbation de leurs
propres parents, ils acceptent plus facilement le même comportement chez leurs enfants... Dans certaines familles cependant, les modalités de séparation indiquent les difficultés éprouvées à ce sujet. On remarque alors que les enfants optent pour le même rite, soit la cohabitation sans
mariage, mais ils gardent toujours une clé du domicile familial. Un des membres de la fratrie éprouve cependant des
difficultés à se séparer et passe par des phases de départ
et de retour successives. La conclusion souligne l'importance d'une démarcation claire et précise concernant les
modalités du départ de la maison:

> Les parents expriment leur satisfaction lors-
> qu'ils se trouvent devant des rites établissant
> sans l'ombre d'un doute la croissance ou la matu-
> rité. Le mariage, l'obtention d'un diplôme ou
> d'un poste rénuméré à plein temps sont des exem-
> ples de tels événements. Lorsque les départs
> sont réalisés dans un contexte autre que le ma-
> riage, les parents mentionnent plus fréquemment
> leur participation active lors de diverses tâches
> entraînées par le déménagement. Cette implica-
> tion vise vraisemblablement la clarification et
> la mise en branle d'un rite de passage mieux dé-
> limité, facilitant ainsi le processus de sépara-
> tion. (Lefèbvre et Morval, 1983, p. 89)

Conclusion

Selon Bossard et Boll (1949), les rites sont des indices relativement fiables de l'intégration familiale, car
ils impliquent la présence de similitudes entre les membres
de la famille. Wolin et Bennett (1984) ajoutent même

qu'ils sont essentiels à la bonne santé d'une famille. Ils indiquent cependant que, dans certains cas, ils peuvent être signes de pathologie, surtout lorsqu'ils manquent de souplesse et sont rigidement suivis. En effet, pour que les rites gardent leur signification et leur efficacité, leur observance doit se modifier avec le cycle de vie familiale et s'adapter aux besoins de croissance des membres. Lorenz (1966) déclare que nous devons tolérer et même voir d'un bon oeil les changements dans nos rites, dans la mesure où ils pointent vers l'épanouissement humain et l'intégration personnelle.

Certaines familles se sentent très engagées dans ces pratiques rituelles; elles se caractérisent par l'importance qu'elles accordent à la signification historique de la vie familiale et à la conservation de sa structure à travers les générations. Le risque est que les rites ne deviennent de la sorte vides de sens et lourds à porter pour certains membres. Les familles moins engagées sont davantage orientées vers le présent, ont une structure plus égalitaire et sont moins attachées aux valeurs du groupe ethnique, religieux ou communautaire. À l'extrême, elles risquent de perdre leur sens d'identité familiale.

Nous laisserons le mot de la fin à Erikson (1966):

> Finalement, nous retournons toujours à l'importance du lien social singulier créé par les gens qui ont mis en branle ces rituels ainsi qu'à l'approfondissement simultané de l'identité psychosociale de chacun des participants. La question ultime, semble-t-il, n'est pas si cela va les "sauver" mais si l'homme aurait survécu sans ritualisation et s'il survivra sans des équivalents émergeant à une nouvelle phase technologique et historique. (p. 524)

Conclusion

En 1975, la revue Autrement posait la question: "Finie, la Famille?", suite à diverses constatations: divorces, sexualité hors mariage, revendications féministes, vie
en communauté, mères célibataires volontaires, etc. Il est
vrai que l'institution familiale est soumise à une solide
contestation actuellement. Reich (voir Dadoun, 1975) la
qualifie de fabrique d'idéologie autoritaires et de structures mentales conservatrices; il l'accuse de mutiler
sexuellement les individus et de les rendre craintifs devant la vie et l'autorité. Cooper (1971) la dénonce également comme un instrument de conditionnement idéologique,
responsable de la mort de la personnalité, par "l'aggluti-
nement des gens, fondé sur le sentiment qu'ils ont de leur
incomplétude; par la création de rôles déterminés plutôt
que l'établissement de conditions permettant à l'individu
de prendre en charge son identité; par la socialisation de
l'enfant, qui aboutit à lui inculquer des freins sociaux;
par l'imposition d'un système de tabous sur la tendresse et
sur les moyens sensoriels de communication". La famille
supprime en chacun de ses membres la possibilité de douter,
de se poser des questions sur leur fondamentale identité:
qui suis-je? où en suis-je? où suis-je?

Plus nuancé, Laing (1972) étudie la nature schizophré-
nogénique de la famille. Il établit la distinction entre
la famille, structure apparente, et la "famille" en tant

que fantasme, famille originelle transformée par intériori-
sation, partition et autres opérations. Ce qui est inté-
riorisé, c'est la famille en tant que système, c'est-à-dire
les relations et opérations entre éléments (personnes, choses ou objets) et ensemble d'éléments, tels que les parents
en tant qu'objets d'amour ou de conflit... Ce qui est in-
tériorisé, c'est donc un schéma de relations:

> La famille est unie par l'intériorisation réci-
> proque, effectuée par chacun, de l'intériorisa-
> tion de chacun des autres. L'unité de la famille
> est à l'intérieur de chaque synthèse et chaque
> synthèse est liée par intériorité réciproque à
> chaque intériorisation des autres (p. 16)...
> Faire partie de la même famille, c'est sentir
> l'existence, en soi, de la même "famille". C'est
> en fonction de cela que les fantasmes de la fa-
> mille sont protégés, détruits ou réparés, que la
> famille grandit, meurt, est immortelle. (p. 25)

C'est dans la mesure où l'on exige des autres de partager toujours la même "famille" que la pathologie peut
s'installer, car sa remise en question, sa transformation
ou sa dissolution sont ressenties comme une menace à son
propre équilibre. La "famille" devient dès lors une défense contre la désintégration et le désespoir et chacun
doit se sacrifier pour la protéger.

Larson (1974) dénonce quelques mythes entourant la famille contemporaine. Pour certains, elle se désintègre:
en fait, l'histoire montre qu'elle évolue plutôt de façon
cyclique, un régime familial remplaçant l'autre; les signes
de désintégration plaident donc en faveur d'une meilleure
préparation au mariage et à la vie famille, en restant
conscients des dangers qui la menacent à travers les changements sociaux. D'autres trouvent la famille désuète et
préconisent la refonte des lois sur le divorce et l'avortement, une plus grande liberté sexuelle, un renversement des

rôles traditionnels; mais on assiste également à une levée de boucliers pour défendre les thèses contraires. Il est plus réaliste d'affirmer que la famille évolue inévitablement, car "elle est incapable de maintenir des valeurs familiales traditionnelles dans une société que transforment les progrès techniques et culturels". (p. 30)

En fait, la plupart des critiques et des attaques prennent pour cible la famille bourgeoise de la classe moyenne. Pitrou (1975) note cependant que, pour les classes "sans patrimoine", les relations familiales sont des facteurs de survie et constituent des instruments de contestation de la société technocratique, marquée par la spécialisation, la technicité et l'efficacité:

> La famille tient lieu de banque pour les coups durs, de foyer d'accueil en cas de période difficile; mais elle est aussi le lieu où l'on passe les fêtes, ou celui des vacances (...) Par cet aspect compensateur, voire réactionnaire au sens propre du mot, l'enracinement dans la succession des générations apparaît bien comme un moyen de supporter les difficultés du statut défavorisé, exploité ou dépendant (...) Privées du soutien de la parenté, les familles déjà infériorisées par leur culture, leurs moyens d'existence et leur place dans le jeu social ne peuvent que se marginaliser. (p. 112)

Non, la famille n'est pas finie, conclut Dougier (1975); ce qui meurt, c'est une caricature de la famille. "La famille correspond toujours aux aspirations de tous, même des plus jeunes, qui y trouvent un refuge affectif face à l'oppression de la société" (p. 4). Elle est cependant en mutation, sous la pression surtout des femmes et des jeunes. Il n'y a plus de modèle unique mais une diversification des types, tendant vers un nouveau partage des

tâches, une liberté accrue et une maîtrise de l'espace social. Tout ceci ne sera vraiment possible qu'avec une évolution profonde de la société et de sa finalité.

Tout comme la langue pour Ésope, la famille est la
meilleure et la pire des choses! Elle remplit des fonctions que nul autre ne peut remplir: il suffit de voir
l'importance qu'elle garde dans les collectivités de Chine
communiste ou dans les kibboutzim d'Israël. Mais, de ce
fait même, elle peut engendrer les pires maux, dans la mesure où elle risque d'enfermer ses membres dans un réseau
de relations dont ils ne peuvent s'échapper. La solution
ne réside donc pas dans la suppression de la famille, car
elle renaît toujours de ses cendres. Il vaut beaucoup
mieux lui donner les moyens de survivre en tenant compte de
l'évolution de la société et des besoins propres à chacun
en particulier.

Références

ACKERMAN, N. (1964), "Prejudicial scapegoating and neutra-
lizing forces in the family group", International j.
of Social Psychiatry, 2-90.

ACKERMAN, N.J. (1980), "The family with adolescents", in
E.A. Carter & M. Mc Goldrick (édit.): The Family Life
Cycle, New York, Gardner Press, ch. 7, pp. 147-170.

ACKERMAN, N.W. (1966), Treating the Troubled Family, New
York, Basic Books.

ALLMAN, L.D. (1982), "The aesthetic preference: overcoming
the pragmatic error", Family Process, 21 (1), pp.
43-56.

ALMODOVAR, J.P. (1981), "Les expériences fraternelles dans
le développement de l'enfant", in M. Soulé, Frères et
soeurs, Paris, Éditions E.S.F.

ANTHONY, E.J. (1970), "The reaction of parents to adolescents and to their behavior", in G.J. Anthony & T.
Benedek (édit.), Parenthood: its Psychology and Psychopathology, Boston, Little, Brown & Cy, pp. 307-324.

AUSLOOS, G. (1980a), Systèmes, homéostase, équilibration,
Essai présenté aux 4e journées internationales de
thérapie familiales de Lyon.

AUSLOOS, G. (1980b), "Secrets de famille", in J. Haley et
coll., Changements systémiques en thérapie familiale,
Paris, Ed. E.S.F., Annales de psychothérapie, pp.
62-80.

AUSLOOS, G. (1980c), "OEdipe et sa famille: ou les secrets
sont faits pour être agis", Dialogue, no 70, pp. 83-91.

BAKER, J. (1976), "Family systems: a review and synthesis
of eight major concepts", Family Therapy, vol. III,
no 1, pp. 1-27.

BANK, S.P. & KAHN, M.D. (1982), The Sibling Bond, New York, Basic Books, 1982.

BARNHILL, L.R. & LONGO, D. (1978), "Fixation and regression in the family life cycle", Family Process, 17 (4), 469-478.

BASTIDE, R, "Structure dans les sciences humaines", Encyclopaedia Universalis, pp. 438-440.

BATESON, G. (1972), Vers une écologie de l'esprit, Paris, Seuil, 1980.

BATESON, G., JACKSON, D.D., HALEY, J. & WEAKLAND, J.H. (1956), "Toward a theory of schizophrenia", Behavioral Science, vol. 1, n° 4, pp. 251-264.

BATESON, G., JACKSON, D.D., HALEY, J. & WEAKLAND, J.H. (1962), "A note on the double-bind", in Sluzki & Ransom, Double-Bind, New York, Grune et Stratton.

BELL, N.W. & VOGEL, E.F. (1960), A Modern Introduction to the Family, Glencoe, Ill., Free Press.

BENEDEK, T. (1970), "Parenthood during the life cycle", in E.J. Anthony & T. Benedek (édit.), Parenthood: its Psychology and Psychopathology, Boston, Little, Brown & Cy, pp. 185-206.

BENOIT, J.C. (1981), les Doubles liens, Paris, P.U.F., "Nodules".

von BERTALANFFY, L. (1950), "An outline of general system theory", British J. of the Philosophy of Science, 1, pp. 134-165.

von BERTALANFFY, L. (1956), "General systems theory", General Systems Yearbook, 1, pp. 1-10.

von BERTALANFFY, L. (1968), Théorie générale des systèmes, Paris, Dunod, 1980.

BLOOD, R.O. & WOLFE, D.M. (1960), Husbands and Wives: the Dynamics of Married Living, New York, Free Press of Glencoe.

BOSSARD, J.H.S. & BOLL, E.S. (1969), "Ritual in family living", American Sociological Review, vol. 14, n° 4, pp. 463-469.

153

BOSZORMENYI-NAGY, I. & FRAMO, J.L. édit. (1965), Psychothé-
rapies familiales, Paris, P.U.F., 1980.

BOSZORMENYI-NAGY, I. & SPARK, G. (1973), Invisible Loyal-
ties: Reciprocity in Intergenerational Family Therapy,
Hagerstowns, Md.; Harper and Row.

BOWEN, M. (1960), "Family concept of schizophrenia", in
D.D. Jackson (édit.), Etiology of Schizophrenia, New
York, Basic Books, pp. 346-372.

BOWEN, M. (1966), "The use of family theory in clinical
practice", Comprehensive Psychiatry, vol. 7, n° 5,
pp. 345-374.

BRADT, J.O. (1980), "The family with young children", in
E.A. Carter & M. Mc Goldrick, The Family Life Cycle,
New York, Gardner Press, ch. 6, pp. 121-146.

BREINER, S.J. (1980), "Sequential chronological stress in
the family", Family Therapy, vol. 7, n° 3, pp. 247-
254.

BRODEUR, C. (1982), Portraits de famille, Montréal, Ed.
France-Amérique.

BRODY, E.M. (1974), "Aging and family personality: a developmental view", in L.R. Allman & D.T. Jaffe (édit.),
Readings in Adult Psychology: Contemporary Perspectives, New York, Harper & Row, 1982, ch. 47, pp. 402-
407.

BRONFENBRENNER, V. (1979), The Ecology of Human Development: Experiments by Nature and Design, Cambridge,
Mass., Harvard Univ. Press.

BRUBAKER, T.H. (1983), Family Relationships in Later Life,
Beverly Hills, Calif., Sage Publ.

BUCKLEY, W. (1967), Sociology and Modern Systems Theory,
Englewood Cliffs, N.J., Prentice Hall.

BYNG-HALL, J. (1973), "Family myths used as defence in conjoint family therapy", British J. of Medical Psychology, 46 (3), pp. 239-250.

CARTER, E.A. & Mc GOLDRICK, M. (1980), The Family Life
Cycle: a Framework for Family Therapy, New York,
Gardner Press.

154

CASTELLAN, Y. (1980), la Famille: du groupe à la cellule, Paris, Dunod.

CHAGOYA, L. & GUTTMAN, H. (1971), Guide pour évaluer le fonctionnement de la famille, Montréal, Institut de psychiatrie communautaire et familiale, document interne.

CHAUVIN, G. (1980), Étude des processus de communication dans les familles perturbées, Université de Montréal, mémoire de maîtrise non publié.

CHILMAN, C.S. (1968), "Families in development at mid-stage of the family life cycle", The Family Coordinator, pp. 297-312.

CLAES, M. (1983), l'Expérience adolescente, Bruxelles, Mardaga.

CLEVELAND, M. (1981), "Families and adolescent drug abuse: structural analysis of children's roles", Family Process, vol. 20, n° 3, pp. 295-304.

COHLER, B.T. (1984), "Parenthood, psychopathology, and child care", in R.S. Cohen; B.T. Cohler & S.H. Weissman (édit.), Parenthood: a Psychodynamic Perspective, New York, Guilford Press, ch. 7, pp. 119-147.

COOPER, D. (1971), Mort de la famille, Paris, Seuil, 1972.

CORMAN, L. (1970), Psychopathologie de la rivalité fraternelle, Bruxelles, Dessart, Psychologie et sciences humaines.

CRONKITE, R.C. (1977), "The determinants of spouses' normative preferences for family roles", J. of Marriage and the Family, vol. 39, n° 3, pp. 575-585.

DADOUN, R. (1975), "W. Reich et la famille autoritaire", Autrement, n° 3, pp. 40-41.

DELL, P.F. (1982), "Beyond homeostasis: toward a concept of coherence", Family Process, vol. 21, n° 1, pp. 21-41.

DE MIJOLLA, A. (1981), "Freud et le "complexe fraternel" en psychanalyse", in M. Soulé, Frères et soeurs, Paris, Éditions E.S.F.

155

DICKS, H.V. (1953), "Experiences with marital tensions seen in the psychological clinic", in Howells, Theory and Practice of Family Psychiatry, New York, Bruner-Mazel, 1971, ch. IX, pp. 267-287.

DOUGIER, H. (1975), "Finie, la famille?", Autrement, n° 3, pp. 3-5.

DREYER, C.A. & DREYER, A.S. (1973), "Family dinner time as a unique behavior habit", Family Process, 12 (3), 291-302.

DRUENNE-FERRY, M. (1981), "Parcours bibliographique", in M. Soulé, Frères et soeurs, Paris, Éditions E.S.F.

DUVALL, E.R. (1967), Family Development, Philadelphia, Lippincott.

EIGUER, A. (1983), Un divan pour la famille: du modèle groupal à la thérapie familiale psychanalytique, Paris, Le Centurion.

EPSTEIN, N.B. & WESTLEY, W. (1959), "Patterns of intrafamilial communication", Psychiatric Research Reports, 11, pp. 1-9.

ERIKSON, E.H. (1966), "Concluding remarks", Philosophical Transactions of the Royal Society of London, Series B, vol. 251, pp. 523-524.

EVANS, N.S. (1976), "Mourning as a family secret", J. of the American Academy of Child Psychiatry, vol. 15, n° 3, pp. 502-509.

FALICOV, C.J. (1984), "Commentary: focus on stages", Family Process, 23 (3), pp. 329-334.

FERREIRA, A.J. (1963), "Family myth and homeostasis", Archives of General Psychiatry, vol. 9, pp. 457-463.

FERREIRA, A.J. (1966), "Family myths", Psychiatric Research Reports n° 20, American psychiatric association, pp. 85-90.

FERREIRA, A.J. (1967), "Psychosis and family myth", American J. of Psychotherapy, 21 (2), pp. 186-197.

FERREIRA, A.J. (1980), "Double lien" et délinquance", in J. Haley et al., Changements systémiques en thérapie familiale, Paris, Éditions E.S.F., pp. 81-90.

FORD, F.R. (1983), "Rules: the invisible family", Family Process, vol. 22, n° 2, pp. 135-145.

FORD, F.R. & HERRICK, J. (1974), "Family rules: family life styles", American J. of Orthopsychiatry, 44 (1), pp. 61-69.

FRIED, M.N. & FRIED, M.H. (1980), Transitions: Four Rituals in Eight Cultures, New York, W.W. Norton.

FRIEDMAN, E.H. (1980), "Systems and ceremonies: a family view of rites of passages", in E.A. Carter & Mc Goldrick (édit.), The Family Life Cycle, New York, Garner Press, ch. 17, pp. 429-460.

GARFINKLE, M. (1976), Toward a Science of Couples, New York, Working paper, National council on family relations.

GARIGUE, Ph. (1967), "La famille: essai d'interprétation", Revue de l'association des psychiatres du Canada, vol. 12, pp. 15-28.

GOLAN, N. (1981), Passing Through Transitions, New York, The Free Press.

GOVE, W.R., GRIMM, J.W., MOTZ, S.C. & THOMPSON, J.D. (1973), "The family life cycle: internal dynamics and social consequences", Sociology and Social Research, vol. 57 (2), pp. 182-195.

GROLNICK, L. (1983), "Ibsen's truth, family secrets, and family therapy", Family Process, vol. 22, n° 3, pp. 275-288.

GROSSMAN, F.K., EICHLER, L.S. & WINICKOFF, S.A. (1980), Pregnancy, Birth, and Parenthood, San Francisco, Jossey-Bass Publ.

GRUNES, J.M. (1984), "Parenthood issues in the aging process", in R.S. Cohen, B.T. Cohler & S.H. Weissman (édit.), Parenthood: a Psychodynamic Perspective, New York, Guilford Press, ch. 7, pp. 103-111.

GUTTMAN, D.L. (1980), "The post-parental years: clinical problems and developmental possibilities", in W.H. Norman & T.J. Scaramella, Mid-Life: Developmental and Clinical Issues, New York, Brunner/Mazel, ch. 3, pp. 38-52.

HALEY, J. (1962), "Family experiments: a new type of ex-
perimentation", Family Process, vol. 1, n° 2, pp.
265-293.

HALEY, J. (1964), "Research on family patterns: an instrument measurement", Family Process, 3, pp. 41-65.

HALEY, J. (1967), "Experiment with abnormal families:
testing done in a restricted communication setting",
Archives of General Psychiatry, 17, pp. 53-63.

HALEY, J. (1977), "Toward a theory of pathological systems",
in P. Watzlawick & J. Weakland (édit.), The Interac-
tional View, New York, Norton.

HEINEMANN, G.D. (1983), "Family involvement and support for
widowed persons", in T.H. Brubaker (édit.): Family
Relationships in Later Life, Beverly Hills, Calif.,
Sage Publ., ch. 9, pp. 127-148.

HESSE-BIBER, S. & WILLIAMSON, J. (1984), "Resource theory
and power in families: life-cycle considerations",
Family process, 23 (2), pp. 261-278.

HICKS, M.W. & PLATT, M. (1970), "Marital happiness and sta-
bility: a review of the research in the sixties," J.
of Marriage and the Family, vol. 32, n° 4, pp. 553-
574.

HILL, R. (1965), "Decision making and the family life
cycle", in L.R. Allman & D.T. Jaffe (édit.), Readings
in Adult Psychology: Contemporary Perspectives, New
York, Harper & Row, 1982, ch. 21, pp. 189-194.

HILL, R. (1970), "Methodological issues in family development research", in N.W. Ackerman (édit.), Family Process, New York, Basic Books, ch. 18.

HOFFMAN, L. (1981), Foundations of Family Therapy, New
York, Basic Books.

HUXLEY, J. (1966), "A discussion on ritualization of beha-
viour in animals and man", Philosophical Transactions
of the Royal Society of London, Series B, vol. 251,
pp. 249-271.

JACKSON, D.D. (1957), "The question of family homeostasis",
Psychiatric Quartely Supplement, 31, part 1, pp. 79-90.

JACKSON, D.D. (1965), "The study of the family", Family Process, vol. 4, n° 1, pp. 1-20.

JACOBS, T.J. (1980), "Secrets, alliances, and family fictions: some psychoanalytic observations", J. of the American Psychoanalytic Association, vol. 28 (1), pp. 21-42.

KARPEL, M.A. (1980), "Family secrets", Family Process, vol. 19, n° 3, pp. 295-306.

KARPEL, M.A. & STRAUSS, E.S. (1983), Family Evaluation, New York, Garner Press.

KESTENBERG, J.S. (1970), "The effect on parents of the child's transition into and out of latency", in E.J. Anthony & T. Benedek (édit.), Parenthood: its Psychology and Psychopathology, Boston, Little, Brown & Cy, pp. 289-306.

KIVNICK, H.Q. (1982), The Meaning of Grand Parenthood, Ann Arbor, Michigan, UMI Research Press.

KLEIN, D.C. & ROSS, A. (1958), "Kindergarten entry: a study of role transition", in M. Krugman (édit.), Orthopsychiatry and the School, New York American ortopsychiatry association, pp. 60-69.

KLUCKHOHN, R.F. & SPIEGEL, J.P. (1954), "Integration and conflict in family behavior", Group for the Advancement of Psychiatry, report n°27.

KUYPERS, J.A. & BENGTSON, V.L. (1983), "Toward competence in the older family", in T.H. Brubaker (édit.), Family Relationships in Later Life, Beverly Hills, Calif., Sage Publ., ch. 13, pp. 211-228.

LAING, R. (1972), Politique de la famille, Paris, Stock.

LARSON, L.E. (1974), "La famille dans la société contemporaine - nouvelles caractéristiques familiales", in la Garderie de jour au service de la famille moderne, Ottawa, Information Canada, pp. 25-43.

LAURENCE, L.T. (1982), Couple Constancy: Conversations with Today Happily Married People, Ann Harbor, Michigan, UMI, Research Press.

LAVOIE, G. (1983), Communication et psychopathologie, Montréal, 19e symposium de l'association de psychologie scientifique de langue française, document inédit.

LEFEBVRE, G. (1982), Adaptation du couple à la période postparentale, Montréal, mémoire de M.Ps. non publié, Université de Montréal.

LEFEBVRE, G. & MORVAL, M. (1983), "Les rites de passage lors de la séparation parents-enfants, "Revue canadienne de santé mentale communautaire, 2 (2), pp. 83-90.

LEMAIRE, J.G. (1981), le Couple: sa vie, sa mort, Paris, Payot.

LE MOIGNE, J.L. (1977), la Théorie du système général: théorie de la modélisation, Paris, PUF.

LENNARD, H.L. & BERNSTEIN, A. (1969), Patterns in Human Interaction, San Francisco, Jossey-Bass.

LEREDE, J. (1980), les Troupeaux de l'aurore: mythes, suggestions créatrice et éveil surconscient, Boucherville, P.Q., Éditions de Mortagne.

LIDZ, T. (1963), The Family and Human Adaptation, New York, International Universities Press.

LIDZ, Th. (1970), "La famille: cadre du développement", in E.J. Anthony & C. Koupernik (édit.), l'Enfant dans la famille Paris, Masson, pp. 18-35.

LIDZ, T., CORNELISON, A.R., TERRY, D. & FLECK, S. (1957), "The intrafamilial environment of schizophrenic patients: II Marital schism and marital skew", American J. of Psychiatry, 144, pp. 241-248.

LORENZ, K.Z. (1966), "Evolution of ritualization in the biological and cultural spheres", Philosophical Transactions of the Royal Society of London, Series B, vol. 251, pp. 273-284.

LUTHMAN, S.G. & KIRSCHENBAUM, M. (1975), la Famille dynamique Sainte-Foy, Québec, Éditions St-Yves, 1978.

MANGIN, J.F. (1983), le Paradoxe: de la communication paradoxale... à la paradoxalité, Mémoire de DESS de psychopathologie, Besançon.

MANN, C.H. (1980), "Mid-life and the family: strains, challenges and options of the middle years", in W.H. Norman & T.J. Scaramella, Mid-Life: Developmental and Clinical Issues, New York, Brunner/Mazel, ch. 8, pp. 128-148.

Mc CULLOUGH, P. (1980), "Launching children and moving on", in E.A. Carter & M. Mc Goldrick (édit.), The Family Life Cycle, New York, Gardner Press, ch. 8, pp. 171-196.

MILLER-COHEN, A. (1980), "Pondering parenthood: issues facing couples deciding to parent", in B.L. Blum (édit.), Psychological Aspects of Pregnancy, Birthing, and Bonding, New York, Human Sciences Press, ch. 7, pp. 120-132.

MINUCHIN, S. (1974), Familles en thérapie, Montréal, Éditions France-Amérique, 1979.

MINUCHIN, S., ROSMAN, B.L. & BAKER, L. (1978), Psychosomatic Families, Cambridge, Mass., Harvard Universities Press.

MISHLER, E.G. & WAXLER, N.G. (1968), Interaction in Families: an Experimental Study of Family Processes and Schizophrenia, New York, John Wiley and sons.

MONIERE, D. (1976), Critique épistémologique de l'analyse systémique, Ottawa, Éditions de l'Université d'Ottawa.

MOORE, S.F. & MYERHOFF, B.G. (1977), Secular Rituals, Assen/ Amsterdam, Van Gorcum.

MUCCHIELLI, R. (1973), Psychologie de la vie conjugale, Paris, Éditions E.S.F.

ORMEZZANO, J. (1981), "Le vieillissement du groupe fraternel: partage ou division", in M. Soulé, Frères et soeurs, Paris, Éditions E.S.F.

OSTERRIETH, P. (1967), l'Enfant et la famille, Paris, Éditions du Scarabée.

PITROU, A. (1975), "À l'ombre des grands-parents", Autrement, nº 3, pp. 104-112.

POROT, M. (1973), l'Enfant et les relations familiales, Paris, PUF, Collection SUP, Paideia.

PRIGOGINE, I. (1976), "Order through fluctuation: self-organization and social system", in E. Jantsch & C.H. Waddington (édit.), Evolution and Consciousness: Human Systems in Transition, Reading, Mass., Addison, Wesley, pp. 93-133.

PRIGOGINE, I. & STENGERS (1979), la Nouvelle alliance: métamorphose de la science, Paris, Gallimard, Bibl. des sciences humaines.

PRIGOGINE, I., GUATTARI, F. & ELKAIM, M. (1982), "Ouvertures", Cahiers critiques de thérapie familiale et de pratique de réseaux, n° 3, pp. 7-17.

RABKIN, R. (1976), "Critique of the clinical use of the double-bind hypothesis", in Sluzki & Ransom, Double-blind, New York, Grune & Stratton.

REISS, D. (1981), The Family's Construction of Reality, Cambridge, Mass., Harvard Universities Press.

RICCI, C. & SELVINI-PALAZZOLI, M. (1984), "Interaction complexity and communication", Family Process, vol. 23, n° 2, pp. 169-176.

RICHTER, H.E. (1963), Parents, enfants et névrose, Paris, Mercure de France, 1972.

RICHTER, H.E. (1970), Psychanalyse de la famille, Paris, Mercure de France, 1971.

RISKIN, J. & FAUNCE, E.E. (1977), "Échelles d'interaction familiale", in P. Watzlawick & J. Weakland (édit.), Sur l'interaction, Paris, Seuil, 1981.

ROSSI, A.S. (1968), "Transition to parenthood", in L.R. Allman & D.T. Jaffe (édit.), Readings in Adult Psychology: Contemporary Perspectives, New York, Harper & Row, 1982, ch. 30, pp. 263-275.

RUCQUOY, G. (1974), la Consultation conjugale, Bruxelles, Dessart, Psychologie et sciences humaines.

RUFFIOT, A. (1980), "Fonction mythopoiétique de la famille: mythe, fantasme, délire et leur genèse", Dialogue, 70, pp. 3-19.

RUFFIOT, A. (1981), la Thérapie familiale psychanalytique, Paris, Dunod, Inconscient et Culture.

162

RYCKOFF, I., DAY, J. & WYNNE, L.C. (1959), "Maintenance of stereotyped roles in the families of schizophrenics", Archives of General Psychiatry, vol. 1, pp. 93-98.

SADOW, L. (1984), "The psychological origins of parenthood", in R.S. Cohen, B.J. Cohler & S.H. Weissman (édit.), Parenthood: a Psychodynamic Perspective, New York, Guilford Press, ch. 19, pp. 285-295.

SATIR, V. (1964), Thérapie du couple et de la famille, Paris, E.P.I., 1971.

SATIR, V. (1972), Pour retrouver l'harmonie familiale: People making, Montréal, Éditions France-Amérique, 1980.

SCHEFLEN, A.C. (1978), "Susan smiled: on explanation in family therapy", Family process, vol. 17, n° 1, pp. 59-68.

SCHUHAM, A.J. (1967), "The double-bind hypothesis a decade later", Psychological Bulletin, n°68, pp. 409-416.

SCOTT, J.P. (1983), "Siblings and other kin", in T.H. Brubaker (édit.), Family Relationships in Later Life, Beverly Hills, Calif., Sage Publ., ch. 4, pp. 47-62.

SELVINI-PALAZZOLI, M., BOSCOLO, L., CECCHIN, G. & PRATA, G. (1978), Paradoxe et contre-paradoxe, Paris, E.S.F.

SERRANO, A.C., Mc DANALD, E.C., GOOLISHIAN, H.A., Mc GREGOR, R. & RITCHIE, A.M. (1962), "Adolescent maladjustment and family dynamics", in J.G. Howells (édit.), Theory and Practice of Family Psychiatry, New York, Brunner/Mazel, 1971, ch. VII, pp. 217-223.

SHANAS, E. (1979), "Social myth as hypothesis: the case of the family relations of old people", The Gerontologist, vol. 19, n° 1, pp. 3-9.

SHIPMAN, G. (1982), Handbook for Family Analysis, Lexington, Mass., Lexington Books.

SIGAL, J. (1971), "A simple dynamic model for family diagnostic interviewing", Canadian Psychiatric Association Journal, vol. 16, pp. 87-91.

SINGER, M.T. & WYNNE, L.C. (1965), "Thought disorder and family relations of schizophrenics IV: Results and implications", Archives of General Psychiatry, 12, 210-212.

SLUZKI, C.C. & RANSOM, D.C. (1976), Double-Bind: the Foundation of the Communicational Approach to the Family, New York, Grune & Stratton.

SOLOMON, M.A. (1973), "A developmental, conceptual premise for family therapy", Family Process, 12 (2), pp. 179-188.

SOULÉ, M. (1981), Frères et soeurs, Paris, Éditions E.S.F., "La vie de l'enfant".

SPEER, D.C. (1970), "Family systems: morphostasis and morphogenesis, or "Is homeostasis enough?"", Family Process, vol. 9, n° 3, pp. 259-278.

SPIEGEL, J.P. (1960), "The resolution of role conflict within the family", in N.W. Bell & E.F. Vogel (édit.), A Modern Introduction to the Family, Glencoe, Ill. Free Press, pp. 391-411.

SPREY, J. & MATTHEWS, S.H. (1982), "Contemporary grandparenthood: a systemic transition", Annals, AAPSS, 464, pp. 91-103.

STEIN, J.W. (1969), The Family as a Unit of Study and Treatment, Washington, Region IX rehabilitation research institute, University of Washington, monograph one.

STEWART, R.H., PETERS, T.C., MARSH, S. & PETERS, M.J. (1975), "An object-relations approach to psychotherapy with marital couples, families and children", Family Process, vol. 14, n° 2, pp. 161-178.

STIERLIN, H. (1973), "Group fantasies and family myths: some theoretical and practical aspects", Family Process, vol. 12, n° 2, pp. 111-125.

STIERLIN, H. (1974a), "Shame and guilt in family relations", Archives of General Psychiatry, vol. 30, pp. 381-389.

STIERLIN, H. (1974b), Separating Parents and Adolescents, New York, Quadrangle/The New York Time Book Co.

SZINOVACZ, M.E. (1984), "Changing family roles and interactions", Marriage and Family Review, 7 (3-4), pp. 163-201.

TOUZARD, H. (1966), "Étude dynamique des rôles conjugaux et de la structure familiale", Bulletin du C.E.R.P., XV (3-4), pp. 243-258.

TROLL, L.E. (1983), "Grandparents: the family watchdogs", in T.H. Brubaker (édit.), Family Relationships in Later Life, Beverly Hills, Calif., Sage Publ., ch. 5, pp. 63-74.

VIZEDOM, M. (1976), "Rites and relationships: rite of passage and contemporary anthropology", Sage Research Papers in the Social Sciences, 4 (90-127), 1-63.

WALLISER, B. (1977), Systèmes et modèles: introduction critique à l'analyse des systèmes, Paris, Éditions du Seuil.

WALSH, F. (1980), "The family in later life", in E.A. Carter & M. Mc Goldrick (édit.), The Family Life Cycle, New York, Gardner Press, ch. 9, pp. 197-220.

WATZLAWICK, P. (1966), "A structured family interview", Family Process, 5, 2, pp. 256-271.

WATZLAWICK, P., HELMICK-BEAVIN, J. & JACKSON, D. (1967), Une logique de la communication, Paris, Éditions du Seuil.

WAXLER, N.E. & MISHLER, E.G. (1968), Interaction in Families, New York, Wiley.

WEAKLAND, J.H. (1960), "The double-bind hypothesis of schizophrenia and three party interaction", in C.E. Sluzki & D.C. Ransom (édit.), Double-Bind: the Foundation, New York, Grune et Stratton, 1976, ch. 2, pp. 23-37.

WEAKLAND, J.H. (1974), "The double-bind theory: by self-reflexive hindsight", Family Process, vol. 13, n° 3, pp. 269-277.

WEXLER, J. & STEIDL, J. (1978), "Marriage and the capacity to be alone", Psychiatry, vol. 41, n° 1, pp. 72-82.

WILLI, J. (1984), "The concept of collusion: a combined systemic-psychodynamic approach to marital therapy", Family Process, vol. 23, n° 2, pp. 177-185.

WINKLER, I. & DOHERTY, W.J. (1983), "Communication styles and marital satisfaction in Israeli and American couples", Family Process, vol. 22, n° 2, pp. 221-228.

WINTER, W.D. & FERREIRA, A.J. (1967), "Interaction process analysis of family decision-making", Family Process, 6, pp. 155-172.

WINTER, W.D. & FERREIRA, A.J. (1970), "A factor analysis of family interaction measures", J. of Projective Techniques and Personality Assessment, 34, 55-63.

WOLIN, S.J., BENNETT, L.A., NOONAN, D.L. & TEITELBAUM, M.A. (1980), "Disrupted family rituals", J. of Studies on Alcohol, 41 (3), pp. 199-214.

WOLIN, S.J. & BENNETT, L.A. (1984), "Family rituals", Family Process, vol. 23, n° 3, pp. 401-420.

WOOD, B. & TALMON, M. (1983), "Family boundaries in transition: a search for alternatives", Family Process, vol. 22, n° 3, pp. 347-357.

WYNNE, L.C. (1961), "The study of intra familial alignments and splits in exploratory family therapy", in N.W. Ackerman, F.L. Beatman & S.N. Sherman (édit.), Exploring the Base for Family Therapy, New York, Family service association of America, pp. 95-115.

WYNNE, L.C. (1976), "On the anguish, and creative passions, of not escaping double-binds: a reformulation", in Sluzki & Ransom (édit.), Double-Bind, New York, Grune et Stratton, ch. 17, pp. 243-250.

WYNNE, L.C. (1978), "Knotted relationships, communication deviances, and metabinding", in M. Berger (édit.), Beyond the Double-Bind, New York, Brunner/Mazel, ch. 9.

WYNNE, L.C., RYCKOFF, I.M., DAY, J. & HIRSCH, S.I. (1958), "Pseudo-Mutuality in the family relations of schizophrenics", Psychiatry, 21, 2, pp. 205-220.

YEATS, E.L. (1979), Family Rites of Passage: a Study of Ritual and the School Entry Transition in Five Healthy Families, Ph.D. thesis, University of Massachussets.

ZELDITCH, M. Jr. (1964), "Family, marriage and kinship", in R.E.L. Faris (édit.), Handbook of Modern Sociology, Chicago, Rand Mc Nally & Cy.

ZELENY, M. (édit.) (1980), Autopoiesis, Dissipative Structures, and Spontaneous Social Orders, Boulder, Colorado, Westview Press.

ZUK, G.H. (1971), Family Therapy, New York, Behavioral Publications.

Table des matières

MARQUIS

Montmagny, Qc

mai 1994